政邦
书库

人文的重量

访谈四季

高明勇 ◎著

Humanity

华中科技大学出版社
http://press.hust.edu.cn
中国 · 武汉

图书在版编目（CIP）数据

人文的重量：访谈四季/高明勇著. —武汉：华中科技大学出版社，
2023.10

（政邦书库）

ISBN 978-7-5772-0053-8

Ⅰ. ① 人… Ⅱ. ① 高… Ⅲ. ① 文化-名人-访问记-中国-现代
② 文艺工作者-访问记-中国-现代 Ⅳ. ① K820.7

中国国家版本馆 CIP 数据核字（2023）第 189246 号

人文的重量：访谈四季 高明勇 著
Renwen de Zhongliang：Fangtan Siji

策划编辑：郭善珊
责任编辑：董 晗
特约编辑：谭炎楠 高 崇
封面设计：伊 宁
责任校对：李 琴
责任监印：朱 玢
出版发行：华中科技大学出版社（中国·武汉） 电话：(027) 81321913
武汉市东湖新技术开发区华工科技园 邮编：430223
录 排：华中科技大学出版社美编室
印 刷：湖北恒泰印务有限公司
开 本：787mm×1092mm 1/32
印 张：8.625
字 数：126 千字
版 次：2023 年 10 月第 1 版第 1 次印刷
定 价：55.00 元

本书若有印装质量问题，请向出版社营销中心调换
全国免费服务热线：400-6679-118 竭诚为您服务
版权所有 侵权必究

序言

人文新主张：思想与方法

高明勇

有一部电影，叫《末日哲学家》。电影看起来像一场"思想实验"，它设定了一个极端化的场景：再有几分钟，地球上将发生一场毁灭性的核爆炸，绝大多数人都会丧命，只有一个"安全屋"，可以容纳几个人在里面避难，以保持人类的繁衍。

虽然这种"设定"几乎不可能发生，但问题在于，在这个设定中，如何从几十个人中产生这几位幸运者？电影给出了一个选择参数，就是职业角色。根据职业角色重要性的价值排序，来决定哪些职业是最重要的，然后决定哪些人可以活着。

复旦大学的郁喆隽老师曾以此在课堂上进行了另一种"思想实验"，让学生现场投票，大致结果是：按外科医生、农夫、天体物理学家、木匠、纺织者、桥梁工程师、猎人、铁匠、神职人员、渔民等排序。

这个"思想实验"连续做了几年，结果大同小异，总体上看，这是一个"没有文化""没有艺术""没有人文"的选择。

这也间接印证了社会上的某些印象或者认知："文化"没什么用，或者说，在安全面前，在生存面前，在基本需求层面，"文化"都是被挑剩下的。

再进一步说，这里的"文化"，也可以被替换为"文学""文科""人文""社会科学"等。

这种窘境一直都存在，不管是在"学好数理化，走遍天下都不怕"的年代，还是在"新闻学值不值得报考"成为社会热点议题的当下。

就我个人而言，曾在不同场合说过，虽然大学期间学的是中文，但毕业后一直都有一个主动或被动的"去文科化思维"的成长脉络，其间，既有个人成长的困惑，又有社会发展的波折。这也是重提"人文"的缘故。

那么"人文"是什么？

若干年前看到的演讲《我们为什么要学习文史哲？》提出，"文学让你看见水里白杨树的倒影，哲学使你从思想的迷宫里认识星星，从而有了走出迷宫的可能，那么历史就是让你知道，沙漠玫瑰有它的特定起点，没有一个现象是孤立存在的。"

简单说，以"文史哲"打底的人文与文化，构成了一个价值坐标，置身其中，人也得以打量自己和打量世界。

"人文"如何才能有用？对这个问题的理解在悄悄发生变化。在过去的几年中，苏东坡、王阳明等人成为朋友圈的"红人"，甚至有人戏称"中年好友苏东坡"。

南京大学莫砺锋教授长期研究苏东坡，他的理解是，"苏东坡是一位在风雨人生中淡然前行的逐客。逐客就是被放逐的人。苏东坡一生中坎坷很多，有很长时间处在逆境中。一个人在坎坷的处境中如何淡定地生活下去，苏东坡给我们提供了非常宝贵的经验。这也是苏东坡留给我们的最宝贵的精神遗产。"

在过去的三年中，受制于疫情各种管控，无法更自由地出行，身体活动半径大幅压缩，于是，就想到以"茶座"的方式来让精神更自由地出行，并因此了解更多的人在疫情背景下如何阅读、如何写作、如何思考、如何生活。

何为"新主张"？很多时候，"人文"需要的不是改头换面的"新"，不是脱胎换骨的"新"，更不是改旗易帜的"新"，需要的是革故鼎新的"新"，需要的是温故知新的"新"，需要的是"苟日新，日日新，又日新"的"新"。

思想层面的"人文新主张"，是从"思想对谈"到"思想操练"，通过独有的话语体系与表达策略，来折射这个时代的精神面貌、观念水位、生活方式与思想境界。

方法层面的"人文新主张"，是从"生活人文化"到"人文生活化"，在生活中提升人文的分量与人文的重量，再用人文来照亮生活，得以修身，得以齐家。

第二辑

乡愁向左，
诗意向右

第三辑

生活人文化，
人文生活化

第四辑

站在文脉的
延长线上

当
重新谈论
人文

王立新

深圳大学教授，
中国传统文化创造转化
研究所所长

不能只在抽象观念里

表达关怀

高明勇：我注意到您的新作《孔子的智慧》有个版本标题上有句"写在中国通向现代的进程中"，如果不加这句，似乎也不影响读者理解孔子的智慧，是不是想表达"特别的强调"？

王立新：原来我加了这个副标题，后来出版时去掉了。不加这句确实不影响对本书的阅读，也不妨碍读者对我写出来的"孔子的智慧"的理解。

当时想要表达的确实也如您所说，是要加以"特别的强调"。加上这句特别强调的意思，用心旨在提醒读者，我们已经生活在"中国走向现代化的过程中"，而不是依然生活在传统的时代，不能再像传统时代里的那些人一样看待传统。

　　这种提醒，不仅是对读者，同时也是对我自己，希望自己能够走出仅仅站在传统时代的立场上了解传统的习惯性窠臼。虽然我们需要尊重历史，但也必须学会从历史中汲取有利于身处其中的时代的营养，不适宜的就得批评，就需批判，必须对传统不断进行再认识。

　　现在我的感觉，去掉这个副标题是对的，因为像上面所说的那样的目标，本书的写作并没有达到，而且距离还很遥远，加上副标题，反倒有"拎着人家耳朵"往里硬灌的意味，本身就有点违背"现代性"的要求，而且写作时的立意，也不是通过这本书来表达"走在现代化过程中"的感觉，这本书也实现不了这样的内心期许。所以，去掉副标题，会更实在些。

　　高明勇：您说写作《孔子的智慧》，是希望能够突破《王立新讲 〈论语〉 》那部书的瓶颈，那瓶颈是什么？

　　王立新：我写《王立新讲 〈论语〉 》那部书确实有瓶颈，其实写《孔子的智慧》也有瓶颈，只不过一个是旧瓶颈，一个是新瓶颈。

简单点说吧，旧瓶颈是陷在孔子的"圣"里，目标多半在表达孔子"圣"的一面。虽然当年写那本书，给了孔子一个定位："入于俗而不流于俗，高于俗而不离于俗"。其实那不是真实的孔子，只是我心里希望的孔子。

虽然有这样一个写作目标，但实际上被历代注释孔子的儒生们的见解所束缚，基本没有跳离出来。这是那本书最大的瓶颈，我想让孔子更生活化一些，但是目标没有达到，至少我自己现在有这种感觉。

那本书出版后，我曾经高兴过一两年，之后便有些后悔，觉得对怀有圣贤理想的人有用，对真实世界中的普通人用处可能不大。所以不久就想着要改写，可是既没机缘，又没时间。

这次趁着北大出版社杨书澜老师的邀约，想要破掉原来的那种味道，换一种姿态说孔子，不要再强调他的"盛德光辉"，因为这种所谓的"盛德光辉"对今天的人们意义不大，所以想从他对生活理解的角度写，所以才叫《孔子的智慧》，而不再讲"孔子的仁德"之类。

当然，这与杨老师的要求有关系，她是想做一套

"智慧"的书，我的同事李大华教授已经先出了《老子的智慧》和《庄子的智慧》，本来我要写三部的，《孔子的智慧》《孟子的智慧》《禅宗的智慧》，可惜没时间了，出版情势也变了，所以写成这部《孔子的智慧》后，就算是终结篇了，尽管有些遗憾，但也确实是不得已。

突破了《王立新讲〈论语〉》那本书"仁"的瓶颈，写了一本《孔子的智慧》，却又陷入"智"的瓶颈。还有明显张扬的意味。其实历史人物身上和传统经典里面，都不仅有"仁""智"两面，还有不仁不智、非仁非智，以及不属于"仁""智"的内容。当然我要突出地表现某一点，所以才会这样做。

高明勇：那这本新作的"瓶颈"是什么？

王立新：我说这本书同样有"瓶颈"，并不是出于谦虚，其实我这个人很不谦虚，也不喜欢谦虚。我不否认谦虚是种美德，但过度谦虚对我来说是种不愿忍受的自抑，故意谦虚这种虚矫我就更不喜欢，因为不实在。

由于时间的关系，我确实事情很多，但最主要还是用心的问题。因为我正在全力以赴整理韦政通先生的文稿，所以没有把主要精力用在这本书的写作上，对不起杨老师的一份苦心。这是真的，不怕老朋友不高兴。但我既然写了，也不会不用心，虽然断断续续，但看上去并没有太大的"隔断"的感觉，还算是通体一致。

不过"瓶颈"是存在的，不是因为用心程度不够，而是思想意识本身的问题。这次主要是想强调"好学"是孔子的第一美德。当然很多人不同意，我写书作文字，从来不为获得谁的同意或者满意，我只为我自己写，虽然我会照顾读者的阅读理解能力。自己觉得是在说心里话，不太在意别人怎么想、怎么看。

我觉得人类历史上的所有著作都一样，首先都是为自己写的，自己心里有话想说，然后才去写书。为了别人写或者为了另外的什么目的写，在我看来是很没意思的一件事情，基本不会去那样做。因为那样很难受，我向来不想让自己很难受。当然，我写作，自然不是为了让别人难受。我写书为了表达自己的感受，同时也尽可能让有上进心、想获得进步的人受益，这是我一贯的态度。

高明勇：体现在具体写作上，瓶颈是什么？

王立新：这次的瓶颈是突出孔子"好学"重要性的同时，没有能够把孔子对生活世界的认识和对生活本身的体会写出来。这是一个遗憾。但我不会因为自己有这种遗憾就认为这部书没意义。

书写出来了，而且是用心写的，并且是长期积累的瞬间表达，因此对读者一定是有意义的。这是我的自信，这种自信也包括对所写各种书籍时所存遗憾的自我饶恕。世界上没有没遗憾的著作，无论哪一种，也无论是何人所作。如果让他重做，肯定会有不同。

当然不只是文字和表达方式的不同，而是思想观念和心理目标的不同。如果哪个人认为他写的哪部书罄尽了哪个领域、哪个方面或者哪个问题，没有修正和重写的必要和余地，那不能证明那部书写得好，只能证明写书的那个人的心已经死了，没有进步余地了。

高明勇：您这么说，还是谦虚不少，哈哈。那您突破瓶颈的方法是什么？目前看，达到预期了吗？

王立新：突破瓶颈自然有方法的问题，但最重要的不是方法，而是写作的心态。写作的心态不变，方法的转换所达到的目标仍然是从前的，这不叫突破瓶颈，只是改换写作方法。

我说自己所写的书都存在瓶颈，是因为我自己的想法变了，觉得以前表达的想法，跟现在不一样。对于从前的写作对象，我的认识改变了，不再那样认识它，所以才能感到从前那样写，是陷在瓶颈里了。

至于我能否真正地突破从前的瓶颈，这是不可预期的，自信在这里没效用，要看结果。如果自己感觉已经突破了瓶颈，但阅读者的观感依然跟从前差不多，那就是没有突破瓶颈。当然，突破瓶颈不是一件容易的事情，所以才说是瓶颈。

高明勇： 似乎有些哲理的味道。

王立新： 对自己写过的书，以前起初都蛮兴奋，也很自得，但过了一段时间，有的时候会感到后悔，那时自己很伤心，觉得不应该那样写或者没有写好。现在好些了，尽管对从前所写不满意，但懂得了瓶颈是永远突破不了的，突破了这个瓶颈，又会发现陷入了另一个瓶颈。

人生本身就是瓶颈，自省能力强的人，知道自己需要不断突破从前的瓶颈，真有智慧的人也都懂得，突破一个，又会出现新的一个，永远突破不尽，但永远要去突破，否则人就不会有进步。

高明勇： 您说两千五百多年来，孔子一直都在被误解，要么被过度阐释，要么被贬得一钱不值，为什么会这样？

王立新： 这是毫无疑问的，不只孔子，所有人和所有人的思想，都在被误解，而且一直都在被误解。人类的历史，虽然是在先人不断积累出的文化成果中迈进，但同时也一直都在误解前人和前人的思想中前行。

误解大致分为两方面，一方面是不理解从而错解，另一方面是故意误解。前一方面可以去努力纠正，后一方面却更需要认真研究。人类为了自己当下的生活，需要借鉴前人的经验，为了当下的生活，又常常故意误解前人及其思想。因为没有任何一个人和他的思想可以适应人类所有时代，改进艰难，就会采取故意误解的方式。

这第二方面也分两种，第一种是智慧，是人类了不起的一种智慧。既要为当下人类生活的便利服务，又要为未来人类社会的发展开路，在无法舍弃的情况下，只能选择"误解"。

但是这种智慧充满了危险，这就是第二方面里的第二种。危险在于故意曲解的目的，不在于为了给人类提供更加自由、民主、幸福的生活，而是为了少部分或者极少部分人的利益。这就不是一种智慧，而是一种伎俩，一种诡计，一种勾当，一种阴谋。

历史上对于孔子的误解，有些时候就是为了少部分人或极少部分人的权力和利益而故意去曲解孔子，这种故意曲解，实际上是一种歪曲。这种情形大家都了解一些，也都曾经历过，不在这里多说。

高明勇：对，其实不仅仅是孔子，不少熟知的历史人物都面临类似的命运，或被推到神坛，或干脆不屑一顾。

王立新：是的，是这样。我刚才大致已经说了这层意思。借您这个问题再多说两句。认识历史人物不容易。

　　韦政通先生当年写《现代中国儒家的挫折与复兴》，文中举了两种认识历史人物的态度与效果，一种是首先持对历史文化怀有"敬意"的态度，要达到对历史的"同情性"理解；一种是以科学精神为出发点，强调"敬意"出自客观认识之后的升华。韦政通以对刘邦认识的例子说明，牟宗三本着"同情和敬意"，认为刘邦是一个"生命充沛，元气无碍""生机不滞"的"豁达之才"，是一个"生命之挥洒，故足以俯视一切，并非任何成规所能束缚的天才"；而主张用科学精神认识历史的胡适，却认为刘邦是"一个无赖"，"是个不事生产的无赖"，只不过是个"无赖的皇帝"。

　　高明勇： 就您的治学经历来看，认识历史人物的正确姿态是什么？

　　王立新： 如果你不想成为假想中的观念或者虚设的道德情感的奴隶，你就应当首先站在客观的立场去看待历史和历史人物及其思想。这是基本正当的态度。能够有这种正当的态度，其实已经相当不易。需要破除自己情绪化的认知障碍，需要先放弃自己的个人好恶。更何况对历史、历史人物及其思想的认识，是一个永无终止的过程，身处不同时代和境遇中的人们，对同一个历史人物、历史事件、历史上的思想的认识，都自然会有所不同，所以在终极的意义上，并不存在历史人物认识的绝对"正确姿态"，只是我们不能凭借自己的情绪，任由自己或者时代"崇尚"的需要去面对他们。

做到这一点之所以已经千难万难，就是因为人们在这样认识的时候，他自己觉得是应该的，听不进不同的声音，听到不同声音，就不自觉地升起不满和反对的情绪。

因此，历史人物被误解，原因是多方面的。所有的历史人物都会被误解，可面对这种误解，曾经的历史人物是无可奈何的。更何况很多误解都是故意地曲解，以满足不便宣说的现实需求。

比如对曾国藩的认识，过去教科书都说他是卖国贼、大坏蛋，现在又说是晚清名臣，有人甚至说他是"完人"。

完人就是圣人，甚至比圣人还圣人，只是没用圣人这个称谓。圣人也有很多缺点，人世间根本没有完人，完人不是人。是人就不会是完人，圣人也不例外。

孔子曾经说，"加我数年，五十以学《易》，可以无大过矣。"这只不过是自己说说而已，莫说"加我数年"，就算孔子"向天再借五百年"，一样有大过，而且大过会更多，因为他多活了那么多年，所以大的过失一定会更多。活得越久，过错越多，这是毫无疑问的。至于过之"大""小"，往往要看所处的位置，越处于重要的位置，过错就会越大，因为影响力大，危险也就必然会大些。

同样的道理，世界上也没有绝对的坏人和恶人，就算桀纣也一样。孔门弟子子贡就说过：商纣其实也没那么坏，只不过是因为战败致死，被获胜一方踩在脚下，处于"低下"的位置，所以人们就把一切罪恶都加到他的头上。其实他没那么坏，都是新统治者为了说自己"白"，才把他涂抹得那样"黑"；为了说自己好，才把他说得那样坏。

认识历史人物，客观精神最可贵，之所以可贵，就是因为难做到，往往越难做到的，越显可贵。

高明勇： 我看您把孔子作为"曾经的生存者"，这种视角和写作时的疫情有关吗？

王立新： 历史上有无数"曾经的生存者"，我们是今天的生存者，过些年，我们也将变成"曾经的生存者"。

"曾经的生存者"，就是在这个世界上生存过的意思。我用这种表述方式，只不过是为了削减把他过度神圣化的长期错误。这种视角可以跟疫情有关系，也可以不跟疫情发生关联，尽管我在写作的期间，疫情一直断断续续，没有彻底消去。

也许孔子的时代也有疫情，只不过不叫德尔塔、奥密克戎。欧洲的黑死病，死了五六千万人，哲学家黑格尔就死于那次瘟疫。

疫情改变了人们的生活态度，使得大家更加珍惜生命，珍视生活中的美好和快乐，这是它的负面正向意义。瘟疫是要死人的，这对于人类无论如何都是负面的，大家都不情愿，更害怕自己摊上；说是正向，就是上面所表述的看法，它提醒人们反省。

人类是一种很奇怪的动物，当其身陷灾难中时都会紧张，过了这段时期，又都会忘却这件事情，尽管有人不断提醒"不要忘却"，大家还是会忘却。这可能也是生命的自救本能，总不忘却痛苦，就不会拥有幸福；可是彻底忘却曾经的灾难，又会导致新灾难降临时手忙脚乱，举止失措。

在疫情中写作，跟在平时写作可能并没有更大的不同，如果一定要说不同，那就只能说，不同只在于疫情中发生了很多事情，跟平时不一样的事情，这些事情有意无意间可能对写作起到了某种暗示的作用。可具体暗示了一些什么，我们也未必完全清醒自知。

高明勇：北京大学李零教授曾以"任何怀抱理想，在现实世界找不到精神家园的人，都是丧家狗"这句话来形容孔子，这个和您的"曾经的生存者"似乎有点相通，您怎么看？

王立新：从前我不喜欢有人说孔子是"丧家狗"，不管出于什么用心，我觉得这是对孔子的不恭。因为那时我正被困锁在对传统儒家的盲动情绪崇拜里。现在我约略能够跳出自设的陷阱。

我觉得现在这种状况比以前好，当然希望将来比现在还好。这里所说"好"的意思，不是善恶意义上的好坏的意思，只是相对过去已经客观一些的心态，这对我真实地认识历史人物及其思想有益处，有助于获得真知，克服情绪的盲目冲动。

其实也不只是孔子，中外历史上一切有独立品格、有正义担当的读书人或者知识分子，在某种程度上都是"丧家狗"，只是我们不舍得像孔子那样用"丧家狗"来比喻自己。因为你有坚持，你的坚持又跟潮流不协调，所以你肯定要被边缘化，成为社会学上说的那种"边际人"。

谁都不会甘心融入他自己不同意的所谓"主流"中去。只要怀抱理想，就一定会有那样的时刻，在现实中找不到属于自己的"精神家园"。

往更严重点说，有理想的人，本来就没有现实中的精神家园，他的精神家园就是他的理想，他的理想就是他的精神家园，这个家园虽然不在天上，可是地上也没有。所以总是栖栖惶惶，像"丧家狗"一样。

我说孔子作为"曾经的生存者"，确实可能含有这点意思，不过不明朗，您这一提醒，就惹得我要多说不少话。

高明勇：这个说法应该说有一个隐含的前提，就是说当理想主义者在现实中碰壁的时候，尤其是屡屡碰壁，往往容易陷入落魄的境地，但这个时候也是最容易出思想的时候。

王立新：过去对于我们来讲，都是曾经，今天对于未来来讲也是曾经，世界对于人类既是当下，又是曾经。

理想主义者往往生活在曾经的世界里，对于现世来讲，往往更像看客。需要说明一下，这种看客不是看热闹的意思，而是观察者的意思。观察者和看热闹的，显然是两种不同的看客。

世界需要有人生活在其中，也需要有人生活于其外。因为有更多的人生活于其中，世界才成为世界；也因为有一些人生活在其外，所以世界才被认识到是世界。认识到世界好玩、可笑的是看客，希望世界能够变得更好，从而不再可鄙、可笑的是观察者。

一般说来，思想型的人物，往往都是既置身世界之中，却又游离世界之外的观察者。因为游离其外，往往可以看清世间的是非得失；因为置身其中，所以希望它能够越变越好。能不能实现，完全是另外一件事情，关键只在于这种希望不能没有，没了这种希望，世界就真的一团漆黑了。

就说孔子吧。总想进入现实政权体系中去，总想着要做大官，以便借用现世的权力，来推行自己的理想，施展自己的抱负。但是各个诸侯国的国君，谁都不待见他，他周游列国十五六年，一官半职也没混上，栖栖惶惶跑回家乡，讲学授徒、注释并删削经典。传承了历史文明，也指出了世间的很多病症和黑暗。

所谓"如有用我者，吾其为东周乎"，就是这种情况的表达。过去的注释家多半都只注重后半句"吾其为东周乎"，却不重视前半句。因为后半句表达了他想用周礼重新"摆平"世界的理想，很宏大，容易引起亢奋的情绪冲动。其实前半句更实在，是对自己周游列国一无所获的真实描述。"如有用我者"，就是根本没人用他。撇家舍业在外面晃荡了许多年，什么都没得到，背着空空的行囊，揣着满怀的疲惫，酸楚地、灰溜溜地回到故里。

之所以如此，就是因为他有理想，而且理想过于执着，所以不被现实所容，被甩到生活世界的边缘，成了彻彻底底的"边缘人"。这样看他，才是真正的同情与了解。他好可怜，好悲伤，好凄凉，好没面子。而正因为被排斥成了"边缘人"，所以才能看清很多世事。

孔子不被世俗统治者看重，造成了他在现实中的倒霉，却提供给他在"边缘"看世界的"收获"，使他成了清醒者。他的智慧和仁德，很大程度上都是在这样的境遇中磨炼和修得的。他不是天生的圣人，只是被生活"折磨"成了智者。

高明勇：您说"疫情让我重新思考或者更加细致地考虑很多问题"，具体指哪些问题，或者说疫情对您的心态、研究、写作有哪些影响？

王立新：这个问题刚才也说到了一点，就是诱发人类重新思考生命，重新看待生活。

这只是一面，疫情的忽然到来，会使大家陷入紧张、惶恐和不安的情绪中，疫情的持续发展和久久不去，更让大家焦躁、心烦、情绪紊乱。加上全球各地的防控目标不完全一致，采取的措施也不尽相同。在整个防控过程中所表现出的很多纰漏，暴露了社会长期存在的重大问题，比如运行机制效率低下，应对失措，资源浪费，人力物力财力消耗过大，客观效果并不相当，等等。

还有由此导致或者加剧的企业亏损、店铺倒闭、失业人口增加等，这还是显现出来的，还有现在大家没有意识到的，我只提一点，比如疫情过后，会出现大量的心理疾病，或许还会有因情绪失控所造成的各类冲突，以及在防疫过程中被淡化或忽略的其他病症以及死亡问题等。

所有这些都会影响未来，必须直面，躲避没有用，掩盖更没意义。要解决问题，必须能够看到问题，看到问题却逃避解决，只会表现出无能和缺乏真正的责任心。更多对未来不利的情形和问题，现在还有待进一步显现，已出现的问题也需要进一步研究、思考。在这里就先不多说了。

高明勇： 我知道您一直在整理著名思想家韦政通先生的文字，他曾说，"所有哲学的教训，也许只有活在当下这一条，才更有实在的意义。"这句话您怎么理解？

王立新： 是的。我一直在整理韦政通先生的文字，已经三四年了。三四年来，我的主要时间和精力都用在这上面，一面整理一面受益。相当于重读一次大学，其实还远不止这些。因为里面可学的东西太多，我像被粘在上面一样，不得"脱身"，不愿"脱身"。

韦先生是当代最有活力的思想家，这是我的看法，他的思想很鲜活，没有一点腐气。他直面现实，他正视历史，冷峻考察思想史，热烈拥抱现实人生。他讲过很多看似平常而其实却极富深意的话语，非常值得认真思考，当然有些也需要进一步思考。

像您所引用的这句话语，"所有哲学的教训，也许只有活在当下这一条，才更有实在的意义"，他表述的大致是这个意思，但与原话有点出入，他的原话是说，"活在当下，可能是生命学问中，唯一绝对的真理。"这是他 2018 年 7 月 30 日写在自己读书笔记上的话语，距离他离开这个世间，还有五天多一点时间。

　　我从前对这句话的理解不深，新近这几年，对这句话越来越有些切实的感觉。这是他在晚年"放平自己"——放掉一切曾经的价值执念之后，通过与自己真实的生命进行真诚的对话之后，所获得的崭新体会。

　　高明勇：这个"崭新体会"是什么？

　　王立新：我现在对这种话语，至少可以说出以下的一些感觉。

　　第一，生命就是生命，只能用对待生命的态度对待它，不能将它当成别的东西来对待，瞒天过海和冷漠无视都会造成对生命的巨大伤害。比如将生命当成实现欲望，甚至实现理想的工具，无论是把它当成外在的工具还是内在的工具，都是违逆生命"原性"和本真的。

　　第二，生命的内在真实追求，就是它自己的成长与成就，不是其他的东西。成长和成就，就是实现自己和展现自己，这是生命的本性。强行扭曲、硬性堵截、迫令"改道"，都会事与愿违，达不到预期的效果。

第三，生命的实现和展现是多方面的，个体差异也不小，不能一概而论，也不能对生命提出一致性的要求。

第四，生命的成长和成就是无止境的，直到它自己终止。所以需要不断努力，作为生命持有者的我们，要对生命负责，要不断帮助它成长、成就，为它的正常生长提供必要的物质和精神养料，还要为它的成长和成就提供尽可能适宜的条件。生命的成就也是多种多样的，不同个体需要根据各自的实际情况，帮助自己的生命成长，帮助它成就它自己。别人的经验只能参考，不能完全效仿。

第五，生命的成长和成就既然是无止境的，就不能让它停留在某一刻或者某一点上。不能因为已经取得的成长和成就而过分骄傲自满，过去的成就和辉煌，只具有过去的意义，并不能代表当下。当下的生命表现和欲求最真实。当下不是指现在，人生任何时刻都是当下，今天过去了，明天就是当下，明天的时候，今天已经不再是当下。

高明勇：这"五点"听完还是很让人震撼的，需要细细回味。

王立新：需要明确一下，这里所说的生命的"成就"，不是客观的成果，而是无休止的完成过程。

活在当下，就要满足当下，让当下快慰，让当下满足，使当下清明，让当下闪烁出生命所能闪烁和所欲闪烁的光辉。

活在当下，既不能亏待生命，更不能愧对生命。亏待生命，它要闹事、要反弹，会搅得你情绪紊乱，心神不宁。愧对生命，它同样要反弹，会产生自卑，会出现沮丧，会情绪不振、热情不高，生命的热度发散不出来，生命的光彩也就无从得以显现。

活在当下，既是让生命于当下感到快慰，又是让生命在当下获得尊严，感到骄傲，赢得自满。既有肉体本身所需的满足感，又有实现理想的意义感，同时还会充满安恬自适、无往不舒爽的艺术感。

活在当下，不是今朝有酒今朝醉地挥霍生命，而是时时刻刻都在创造，时时刻刻都在创造自我生命的崭新体验中获得深邃宽宏的快感。活在当下的意思，就是当下既是创造的时刻，又是满足的时刻。

每一个当下，都是生命的重新开始，都是谱写生命崭新篇章的开端。生命的最大愿望虽然是成就，但成就是在创造中体现的，只有创造，才能使生命拥有成就感；只有不断地创造，才能使生命不停地拥有获得成就的快乐，一步步将生命推向因为不断创造而获得成就感的快乐之中。

生命最大的快乐就是自我成就，这个成就没有终结，懂事就已开始，至死也不能完结。成就生命的唯一方法就是创造，只有创造才能使生命获得成就；离开创造，就没有生命的成就可言。

时时创造，时时成就，时时重新创造，时时重新成就，这才是生命最大的快乐，也是生命最真实、最闪光的意义和价值所在。

米博华

著名评论人，
人民日报原副总编辑

评论的价值

可能将被重新定义

高明勇： 您从二十世纪七八十年代就开始从事新闻评论工作，就您的评论生涯来看，这些年的媒体评论，有哪些变化？特别是在互联网时代，又出现了哪些变化？

米博华： 如您所说，做评论工作有近四十年。不敢说"从心所欲"，但终归是"饭碗"，是自己的本行。四十年来，新闻评论变化是肯定的。只是变化之大，难以想象。正像从纸币支付到电子支付，钱的用途没变，但纸币几乎极少见了，购物及消费方式也变了。如诸位所见，评论依然是对新闻事件和人物的判断、分析和给出结论。说到变化，我想有这么几点。

第一，评论不再为专业人士所独占，而是走向大众。大众写，大众看，大众参与讨论。

第二，刊发的阵地也不再是少数人专有，打破了发表门槛。只要愿意，开专栏（公众号），"跟帖"，悉听尊便。

第三，言论只代表你自己，不是捆绑在一个组织上。在法律规定之内，不必请上级审稿。

第四，题材广泛，没有格式要求，长也行，短也可。心灵鸡汤、时事经纬、艺术哲学、命理风水、寻医问药、情感困扰、恋爱指导等什么都行。只要有人看，有人打赏，均可尽情评论。

当然，让我最感惊讶的是，有太多的思路开阔、知识渊博、文笔优美的评论人才涌现。这些人都是从何而来，不得而知。我想说，即使是我们这种干了几十年评论的"老江湖"，都有一种英雄气短的感慨。自忖站在这个队列里，无论宽度、广度、深度、力度，都力有不逮，惭愧、羡慕，但心有不甘。

高明勇： 您长期在党报从事评论工作，这几年到大学从事新闻学教学，身份的转换让您对评论的理解有哪些变化？

米博华：我到大学任教，本来想发挥一技之长，讲讲评论课。但是，听了几堂评论课，却打了退堂鼓。

首先是，这些大学老师的评论课讲得相当好。对评论作者来说，我是"知其然，不知其所以然"。我会选题、写作，但为什么这样写而不是那样写，从未细想。听学院老师讲评论课，我才知道更多"何以故"。

其次，我只熟悉报纸评论，尤其是社论、评论员文章，标准官方文字；对网络上自媒体评论，尤其是网言网语不熟悉。给学生们讲那些"老皇历"，把握不大。一是当下的评论已经不会特别在意修饰，诗意、辞藻、抒情等因素越来越少。往往是热门选题加直率表达，绝少起承转合，穿鞋戴帽。二是当下的评论文字、图像、背景音乐、现场直播一齐上。所以，现在的评论家有一张有感染力的嘴，或许比严谨的文字更时尚，直观感受比钢铁逻辑更受欢迎。有话直说，姑妄言之姑妄听之，不愿听，划走；愿听，给个赞。有的说法可认真，很多说法不必较真儿，这大约就是今天的评论生态。

高明勇： 您在《新闻评论实战教程》的自序中提到，"新闻评论类教材中，最缺的是评论实务"。从"写评论"到"教评论"，是如何破解这一"痛点"问题的？

米博华： 我写《新闻评论实战教程》本无意当教材写，而是把自己的实践经验点滴记录下来。坦率地说，虽然自媒体评论蓬勃发展，百花齐放，但也的确是杂芜并存。如果说实战方面有痛点，我以为最主要是，几乎极少有人真正接触过主流和权威媒体的写作。正如学习书法必须临帖，或出于"二王"，或师承"颜柳"。如果没有正规训练，写得再熟，终归流俗；写得再多，还是"江湖"。

因为发表个人感慨比阐述时事政策终究要容易得多，不用有太多顾虑的写作比必须承担责任的写作要容易得多，文字上没有大毛病的写作比必须十分精确的写作要容易得多。

我讲评论实务课，想法是从一开始就按照专业标准校正"江湖"的缺陷，就像训练专业运动员那样，一招一式必须准确到位。这是基本功。基本功练好了，以后的自选动作还是能高出一筹。

高明勇： 在新闻评论史上，您印象最深刻的评论员和评论作品有哪些？

米博华： 因为从事评论工作，所以我差不多找全了这方面能够找到的书籍和作品。我不懂外语，所以极少接触国外评论家的作品。即使是大名鼎鼎的李普曼，我也只见传记，未见译作。

百年以来，新闻评论史伴随中国时代变迁，其代表人物不少。但大体可分两类。一类是知识分子的所谓文人议政，如张季鸾、胡政之、邵飘萍、黄远生、邹韬奋等。一类是职业革命家兼宣传家，如陈独秀、李大钊、毛泽东、邓小平等。我年轻时比较喜欢文人这类，指陈时弊，痛快淋漓；下笔千言，滔滔不绝。年岁稍大，特别是有了一定阅历之后，我更喜欢职业革命家的文章，特别是毛泽东同志的评论。这不仅是毛泽东评论为我党报纸评论创造了法度，从思想方法、语言造型到行文风格，开辟了白话文新的疆域。更因为职业革命家似乎注定不会是为写作而写作，而总是伴随着艰苦卓绝的斗争，甚至是血雨腥风的考验，执笔为文，所以内中包含的生命张力是完全不一样的。

由此上溯，我似乎更喜欢曹操、诸葛亮等文人的作品。孔明先生前后《出师表》，大气磅礴；《隆中对》，视野宏阔。这绝非能在书斋里写出。有一位职业革命家的政论，人们很少提及，那就是列宁。我十年前访俄，无意中收集了一些列宁的新闻评论作品，发现列宁评论智慧之高，无人能及，理论性、旨意性、政策性、工作性、战斗性融为一体。可惜这方面国内研究不多。

高明勇：新冠疫情暴发以来，有没有令您印象深刻的评论？这些评论和"SARS"时期的评论相比，有哪些变化？

米博华：一晃"SARS"已经是二十年前的事了。如果说"非典"是短暂和局部的惊恐，这次"新冠"则是漫长而广泛的煎熬。还有，二十年前的中国，综合国力和国际影响力远非今天可比。

本次疫情是在"百年变局"的大背景下发生的，大国角力因素凸显，博弈气息浓烈，导致全球范围内舆论战全面展开。如东西方文化冲突激烈，围绕一个小小的口罩打得狗血喷头；利益关切不同，要钱还是要命，全面开撕。我亦注意到，东西方、国内外、各阶层、各群体的社会撕裂很难弥合。网上评论也是如此，一言不合，势不两立。

评论是社会生活的真实映照，国际政治经济格局的深刻变化，国内利益关系的广泛调整，必然导致躁动。

高明勇："人人都有麦克风"时代，专业的新闻评论，最该关注的是什么问题？

米博华："人人都有麦克风"，就好像人人都可以 K 歌。歌厅随便去，但到国家大剧院表演则有门槛。大音量与权威没有必然联系，创作量与影响力也没有必然联系。从这个意义上说，人人有"麦"与主流权威声音还不是一回事。比如俄乌冲突，网上有各种声音，但国际社会在意的还是中国政府的声音和中国官媒的评论。

我们已经熟悉了人人有"麦"的热闹，也必须从热闹中倾听各种见解，更应该作为舆情加以关注和研究。但同时也希望专业评论人阅读和研究党报党刊的评论，研究时事政策，否则就无法了解一个完整的中国。

高明勇：不少媒体或新媒体在打造评论员"IP"，

当评论员从幕后走向台前，会面临哪些问题？

米博华：打造评论员"IP"并非新尝试，其实就是打造名专栏和名评论家。问题是，怎样才能赢得更多的受众。央视二十世纪就创办"实话实说""东方时空""焦点访谈"等节目，并推出一批优秀主持人。新媒体亦不例外，这是新闻传播规律。不同的是，新媒体"IP"需要更全面的素质和更鲜明的特色。

首先，要有一个高水平的专业团队，策划、包装、技术保障、播出安排等，都要非常高的水平。

其次，要非常了解政令的精神和民众的诉求，"庙堂"和"江湖"都要兼顾。

再次，在受众中，眼缘和口才俱佳的评论人才更受欢迎，口若悬河、条理清晰、幽默风趣……不是播音员的款式，而是成熟、稳重、睿智的那种类型。这种人很少。

最后，这种人还要皮糙肉厚，心理强大，经得起"喷"，顶得住骂，受得了夸，没这本事，恐怕很难干好。

高明勇：如果让您为新闻学院有志于评论写作的学

子或者年轻评论员推荐三本书，您会推荐哪三本？

米博华： 向学子们推荐三本书，有点难，因为我喜欢的书实在太多，不妨说，推荐三类书吧。

第一类，中外哲学类。智慧人类抵达智慧层面，非哲学而不能为之。"究天人之际，通古今之变"。凡研究国家社会的政治、经济、道德、伦理等问题，哲学是基础。没有哲学框架，就是一盘散沙；所写文章，也大多是游谈戏说。

外国的从康德、黑格尔到马克思，从萨特、杜威到海德格尔，随便挑，看一本是一本。中国的先秦、西汉、魏晋、隋唐也是如此。哲学给予评论家最大的馈赠，未必是苍翠的树木，而是广袤的森林。

第二类，文史类。太多了，不列举，目前我再次翻阅的是《容斋随笔》。《梦溪笔谈》《困学纪闻》一样，是非常耐看的笔记小品。《容斋随笔》有诗有文有史有学，更重要当可《资治通鉴》，历来为治国理政者奉若拱璧。同时又非常有趣，可增广见闻，可澄清谬误。

第三类，人物传记与回忆录，这方面著作较多，不列举。

至于新闻评论专业的书，翻翻就行，看评论作品比看评论专业的书效果更好。

高明勇：作为评论界的资深人士，很想请您畅想一下，未来的评论什么样。或者说，未来十年，新闻评论的内涵和外延，会发生怎样的"迭代"？

米博华：不敢言资深，老马或许识途而已。我以为，新闻工作也包括新闻评论工作，可能要考虑两大背景。

首先，百年变局中新闻的历史方位。中国无疑将会成为国际舆论中心。过去我们比较侧重国内报道。因为，我们参与国际事务的实力和影响力远远不够。今后若干年，中国的声音会被国际社会更多关注；中国的意见会被汇入全球舆论场。这是客观情势使然。所以很自然，舆论交锋将围绕中西文化对撞和大国利益关切而全面展开。对此我们要有充分的准备。

其次，随着时代发展，新闻报道和评论的价值和意义，可能将被重新定义。正像前面所说，我们必须习惯多元意见展示、多渠道发声、多重效应呈现这样一个复杂的舆论环境。新闻不光是信息传播，或可成为国家治理、安全管控、公共生活、社会服务的有机组成部分。我们恐怕要有较长时间适应舆论生态的变化。极大可能是，官方声音和民间声音、主流媒体声音和自媒体声音，逐步走向既有区隔又有融合这样一种状态。从这个意义上说，评论人和评论佳作将大批涌现，可以展示拳脚的机会越来越多。对此我抱有乐观的期待。

冯保善

江苏第二师范学院
文学院院长，
江苏省明清小说研究会会长

如何认识

一个真正的"唐僧"

高明勇： 您评价说玄奘法师的形象被啃得"鲜血淋漓、体无完肤"，是什么时候有这种意识的？

冯保善： 哈哈，这只是一个形象的说法。

印象中，二十世纪九十年代中期以后，《西游记》影视网络改编作品纷至沓来，层出不穷，如《大话西游》《西游降魔篇》《西游伏妖篇》《西游记后传》，等等，多有荒诞恶搞。传统的师徒兄弟关系、礼仪道德、社会使命，在这里都成了戏谑、嘲讽的对象。好与坏、善与恶、美与丑、英雄与懦夫，没有了是与非的标准。

再有如《情癫大圣》，一代高僧唐僧，穿上了蜘蛛侠的服装，成了"情痴""情圣"，与女妖搞起了三角恋，颠覆了传统的人生价值观、道德观、审美观，失去了基本的认知底线。

高明勇：走上研究玄奘法师这条路，花了多少时间？其中最难的地方在哪里？

冯保善：我本人关注玄奘，具体讲，主要是因为研究中国古代小说，特别是研究《西游记》的需要。我从二十世纪八十年代后期开始研究古代小说，即关注到了玄奘。

中国古代小说创作中，有一个"世代累积"的现象，如《三国志演义》《水浒传》《西游记》，乃至于说唐小说、杨家将小说、说岳小说、包公小说等，都存在这样的情况。这些作品有着历代的传播积累，不是哪一个人独立创作出来的。要研究这些作品，必须了解其故事演变。

《西游记》的历史原型，即唐朝初年玄奘赴印度取经的故事。其后，有唐人变文《唐太宗入冥记》、宋人说经话本《大唐三藏取经诗话》、戏文《陈光蕊江流和尚》、元人杂剧《唐三藏西天取经》、平话《西游记》、明初《西游记》杂剧等。吴承恩作《西游记》，正是在前人基础上完成的集大成的著作。

历史史实是一切玄奘故事的本源。玄奘口授的《大唐西域记》，慧立、彦悰撰写的《大慈恩寺三藏法师传》，《新唐书》《唐高僧传》中的玄奘传记，都是后来各种"西游"故事创作的基础。有关研究整理成果，如《玄奘西游记》《玄奘年谱》《玄奘集编年校注》《玄奘评传》等，都为后人的研究提供了重要的文献基础。

玄奘法师是中国文化史上的巨人，他的翻译成果，他的佛学、哲学、因明学思想以及翻译理论等，都有着很大的研究空间。他的人生所体现出的伟大精神值得我们总结。而在"一带一路"建设背景下，玄奘作为历史上的坐标人物，对于丝路文化建设开发，更是博大的历史宝藏富矿。

高明勇：您在《玄奘：丝路上的取经人》中比较了玄奘法师与《西游记》中唐僧的区别。一边是和孔子、孟子、老子并列的玄奘，一边是四大名著之一的《西游记》，这个是如何平衡的？

冯保善： 您很敏锐。这本《玄奘：丝路上的取经人》与一般人物传记相比较，在写法上确有些区别。主要是因为写作的初衷，不仅是要呈现玄奘的人生及其伟大，还有正本清源的想法，希望一般的读者在了解古典小说《西游记》之外，还能够对历史上的唐僧及其史实有真实的认知。

高明勇： 正本清源？具体是如何做的？

冯保善： 概括地讲，我有这样三点追求。

一是追求真实。以传记的形式，以历史史实为根据，以玄奘一生的主要事迹为主干，完整清晰、真实客观地呈现传主的人生心灵轨迹。

二是比较异同。小说《西游记》里的唐僧与历史上的玄奘有同有异，异大于同。本书从唐僧出身、出家始末、取经缘起、人生结局等方面，进行了具体的比较。从历史上的玄奘取经到神话小说《西游记》，其间经过了数百年世代累积的漫长过程，但在历史上的玄奘取经故事里，其实已经包含了神话的因子，本书对此也做了细致的发覆。这对于既往关于《西游记》成书研究中重取经故事演变，轻取经史实与小说之间关系的局面，有纠偏之功。

三是大众叙事形式。鲁迅赞太史公《史记》为"史家之绝唱，无韵之《离骚》"，既高度评价了《史记》一书的史学价值，更对其所具有的文学成就予以崇高礼赞。《史记》为我们树立了传记写作的光辉典范。本书以文学笔法，叙写历史上的唐僧故事，比较其与《西游记》中文学形象唐僧的区别，在学术大众化方面，做出了个人的尝试。

高明勇： 除了玄奘，还有很多历史人物的形象也被歪曲了，特别是在今天，很多历史人物因小说、影视剧、游戏而被熟知也被误解，如何看待这种现象？

冯保善： 曾看到有人"盘点十大被电视剧歪曲的历史人物"，谈到了《至尊红颜》中的武则天、《铁嘴铜牙纪晓岚》中的纪昀、《大唐芙蓉园》中的杨玉环、《还珠格格》中的乾隆皇帝、《康熙微服私访记》《怀玉公主》中的康熙皇帝、《十三格格》中的慈禧太后、《孝庄秘史》中的孝庄太后、《壮志凌云包青天》中的包拯、《蝶舞天涯》中的吕布等。

　　我个人认为，历史题材创作，即以中国古代小说创作为例，便有追求"羽翼信史"和"虚实相半"两派不同的意见，前者主张"羽翼信史而不违""事纪其实，亦庶几乎史"；后者认为"小说及杂剧戏文，须是虚实相半，方为游戏三昧之笔。亦要情景造极而止，不必问其有无也"。

　　恰如古人评价《西游记》所说，"游戏中暗传密谛""纯以游戏写意"，其虽然极富有幻想，但其根本宗旨在于求真，在于反映了生活的本质，表现了作者对现实社会人生的深邃思索，有益于世，这正是其能够成为经典、千古不朽的艺术真谛所在，也是小说经典《西游记》给我们的重要启示。

　　高明勇：我注意到您还写过很多关于历史人物的书籍，有没有一以贯之的方法论，来重新认识历史人物？

　　冯保善：是的，在我个人的著作中，大体上归于传记一类的，除了这本《玄奘：丝路上的取经人》，还有《严复传》《东吴畸人：话说冯梦龙》《凌濛初》《李渔》《话说吴敬梓》。

关于历史人物的评价，我想到了鲁迅《"题未定"草》中所说的一段话，"我总以为倘要论文，最好是顾及全篇，并且顾及作者的全人，以及他所处的社会状态，这才较为确凿。要不然，是很容易近乎说梦的。"

也就是说，要讲究辩证法，将历史人物放在其所处的历史时代、社会矛盾中加以分析，要避免用现代人的标准要求历史人物，还要用历史唯物主义的观点，在肯定人民群众是历史创造者这个前提之下，承认杰出人物对于推动历史发展进程所产生的重大作用。

高明勇： 一般来说，玄奘的形象是多重的，比如作为僧人的玄奘，作为文化使者的玄奘，作为民族脊梁的玄奘……但我发现您提出了一个新的身份，就是"作为唐僧的玄奘"——这个身份，对我们今天有何启发？

冯保善： 2016 年，中国邮政发行《玄奘》特种邮票，《中国集邮报》刊发记者小鲁《〈玄奘〉：还原真实的一代宗师》一文中说，"学者冯保善曾这样概括玄奘精神的内涵：充实饱满的一生，勇往直前、决不后退的坚强意志，刻苦钻研、求深求透的治学精神，严肃认真、不弃寸阴的工作态度，对于事业的无限责任感，还有他对祖国的拳拳挚爱以及学成归国、报效国家的赤子情怀。在茫茫大漠的绝境中，独自一人面对空空的水袋，依然发出掷地有声的'宁可向西而死，绝不东归而生'的誓言，一步一个脚印地前进，这才是真正将生死置之度外的慷慨；在印度佛教辩论大会的掌声中，作为一位威望已达顶峰的高僧，面对崇高得无以复加的尊荣，却依旧平静地踏上归途，这才是可贵而超越俗世功利的境界。也正因为这种精神，玄奘才被誉为'中华民族的脊梁'，1300多年来令一代又一代的后人心潮澎湃、感佩不已。"

在书中，我还谈道"玄奘法师对于中国历史的贡献，有他跋涉十九年，九死一生，带回的那些经像为证；有他历时十九年，主持翻译的七十余部、一千三百多卷佛教典籍为证；有他奉大唐天子李世民之命，编写的那部后来被印度史学界推崇备至的《大唐西域记》为证。除此之外，我觉得，他的'践流沙之漫漫，陟雪岭之巍巍，铁门巉崄之涂，热海波涛之路，始自长安神邑，终于王舍新城，中间所经五万余里'，不恋荣华，载誉归来，由此所体现出的那种矢志追求、百折不挠、勇猛精进、利导众生的精神，与开放的胸襟、赤子的情怀，在我们重铸民族精神的今天，也许更具有现实的当下意义。"

我总体的看法是，玄奘的意义是多方面的，他的精神对于我们今天的社会，有着更重要的借鉴意义。

高明勇：这么多年持续关注这个话题，除了出版，您有没有想过通过其他方式还原玄奘法师本来的面目？

冯保善：作为文史研究工作者、大学教师，我们更擅长的是文字书写，或以课堂、讲座的形式输出。在大众文史读物难以进入业绩考核的当下，拿出时间来做中华优秀传统文化普及的工作，是需要奉献精神的。这也是服务、报效社会的具体体现，是一项意义不可轻觑的工作。2021年，我荣幸地获得了"江苏省2019—2020年度社科普及先进个人"称号，我感到这个意义很大。

郭宝平

著名历史小说家

如何写出一个

真实的范仲淹

高明勇： 听说您为了写《范仲淹》，辞去国家部委的公职，我比较感兴趣，范仲淹为什么会成为您必须写的"这一个"历史人物？

郭宝平： 准确地说，我是为了专心致志写历史小说，提前离开了工作岗位。几年前，促使我下决心离开工作岗位的人物是明朝的高拱，还不是范仲淹。看我这些年写的历史题材作品，就不难发现，我的写作兴趣是那些进入官场的读书人，也就是常说的"士大夫"。范仲淹是士大夫的代表，所以我的历史人物写作终归绕不开他。范仲淹是宋朝人，可以说是古典中国人的一个代表，写范仲淹也是写古典中国人。读《范仲淹》，你可以看到古典中国人是什么样子的。你看范仲淹和富弼、韩琦，殿庭上争得面红耳赤甚至到了你死我活的地步，可下殿不失和气，欢好如初。我们的前人，不是整天都热衷于宫斗、阴谋论的。

高明勇： 这些年写范仲淹的书也不少，作为写他的"这一个"写作者，您认为自身最大的优势是什么？

郭宝平： 经历、阅历。作为同样是凭借考试成绩进入体制或者说官场的读书人，我对范仲淹的许多言行，感同身受。

高明勇： 我了解到您的研究生专业是中国政治制度史，这种科班出身的专业背景，为历史小说创作提供了哪些支持？

郭宝平： 写历史小说首先应该熟悉那个时代的典章制度，不然对历史事件、人物就把握不准，只能胡编乱造。比如，范仲淹进士及第后被分配到广德军任司理参军，有人就望文生义说他中进士后参军了。岂不知，"军"在宋朝是地方行政建制，司理参军是司法官。又如，人到中年的范仲淹一度非常苦闷，写过一首《咏蚊》诗，羡慕蚊子不必为前程发愁。为什么？
因为按当时的制度，进士及第先做"选人"，只能在规
定的官阶内升职，最高升到八品，只有改"京官"
后，仕途才算展开。可改"京官"不容易，官场上，
相当多进士出身者终生都未脱离"选人"身份，沉于
下僚。范仲淹做了不少努力，却未成功。再者，他担
任的监盐仓官，属于"监当官"，进士及第初分配时做
监当官即为人所轻，何况范仲淹已经进入官场十年
了，所以他很苦闷。不了解这些制度，怎么可能明白
范仲淹此时的境遇？再比如，范仲淹是在二十岁后才
知道自己身世的，揭开这个秘密的是他没有血缘关系
的哥哥。乃兄因何选择在那个时候揭秘？了解当时的
遗产继承制度，就可以解开这个谜团。可以说，不了
解典章制度，许多问题看不透，也难以进入人物的内
心世界。所以，读研究生时专修中国政治制度史，为
我的历史小说写作打下了良好的基础。

高明勇：您说"向什么样的人致敬，代表着一个时
代的品位、品格"。这句话我不是很理解，对写作者来

说，更多的是"向什么样的人致敬，代表着一个作者的品位、品格"，作者属于这个时代，但作者无法涵盖整个时代，对吧？

郭宝平：老实说，我胆小，怕引用西方名人的话会被诟病，就把"评断一个国家的品格，不仅要看它培养了什么样的人民，还要看它的人民选择对什么样的人致敬，对什么样的人追怀"这句名言给改造了一下。

高明勇：历史小说首先也会涉及作者的史观，您的史观是什么？

郭宝平：我对成王败寇的历史观和崇尚为达目的不择手段的"成功学"风气忧心忡忡，愿意追怀、致敬那些传承、光大浩然正气的人物。《大明首相》里的高拱和这本书里的范仲淹，就是这样的代表。我想通过自己的努力，让更多的人致敬、追怀范仲淹和高拱这样的先贤。为此，应该把这些先贤去脸谱化，不为贤者讳，将其还原为一个有血有肉的人，让大家由敬而远之转而亲而近之。

高明勇： 故事从一个迷雾弥漫的清晨开始，是否有特别的隐喻？范仲淹的人生命运，或者时代的迷茫？

郭宝平： 确实是隐喻。主要是暗喻范仲淹的人生处于迷茫中。

高明勇： 长期体制内工作的经历，对写同样处于体制内的范仲淹来说，是否得心应手？

郭宝平： 是不是得心应手不敢说，但对范仲淹当年的一些做法更容易理解甚至感同身受是事实。写作过程中，写到范仲淹的某件事，我常常联想到自己亲身经历或耳闻目睹的某件事，历史瞬间就打通了，感觉自己一下子就能够猜透范仲淹当年心里是怎么想的，甚至他的表情是什么样子的都浮现在眼前了。

高明勇： 两个"体制内"对话，您认为最大的相同，最大的不同都是什么？

郭宝平： 说到相同点，就是凭考试成绩进入"体制内"的寒门子弟，报效国家的心愿不可遏制。

说到最大的不同，可以从很多角度去看，我只说印象最深的一点：现在是层层节制、层层负责的科层制；那时候没有层级管理的概念，范仲淹在西北军政机构任副帅，基本上都是直接与朝廷公文来往，并不需要经过正帅夏竦，相应地，他上公文，都是以个人名义，并不代表他任职的西北军政机构。更重要的是，那时候受儒家思想影响，官员身份具有双重性，士大夫在官场既是"公务员"，又是"帝王师"，具有管理民众和致君尧舜上的双重使命。像范仲淹，刚接到知兴化县的任命，不过八品官，就直接给朝廷上公文，不厌其烦地教导宋仁宗应该如何做皇帝、如何治国理政。

高明勇： 您提出"以人性审视历史人物"，南京大学丁帆教授有句评语认为，长篇历史小说《范仲淹》告诉我们的真谛是，"以人性审视历史人物"才是一切文学作品的灵魂所在。其实这种"审视"是很困难的，您认为主要难在哪？您是如何解决这个问题的？

郭宝平： 以人性审视历史人物，我在写作过程中主要是把握两点：第一，历史人物也是人，是人，就有欲望；有欲望，就会有纠结甚至是挣扎。要写出他的欲望、纠结和挣扎。第二，摒弃非黑即白历史观。受儒家君子小人之辨的影响，人们往往把历史人物分成好人和坏人，一旦定位为好人，他的一切就都是好的，即使有不好的一面，也要为贤者讳；一旦被定位为坏人，他就一无是处了。

人性复杂，红尘滚滚，每个历史人物都受到时代的规约，都有他的难处，都有过坚守与妥协，不是简单的非黑即白、非此即彼可以概括的。范仲淹如此，张元、吕夷简、夏竦同样如此。你看书中的张元，典型的汉奸，可他叛逃前在项羽庙痛哭，后来又自杀而死，反映的就是他的欲望与挣扎、坚守与妥协。

高明勇：媒体报道时用了一个说法，叫"最真实的范仲淹"。我有个看法，选择真实的史料有个关键性问题，就是写作者通过自身建构的价值体系与历史观来选择史料。您是通过什么认识论和方法论来保障"真实"的？

郭宝平：可能是《范仲淹》这部小说里的范仲淹，与人们头脑里固有的形象有些差别，感到耳目一新，加上书里的人物、事件、时间与地点等都是真实的、经得起考证的，所以文学界、史学界和广大读者认为我的这本书描绘了一个真实的范仲淹的形象。

我是在写小说，不是写学术书，而小说的任务主要是塑造人物，所以我在写作过程中对史料的取舍，主要是基于塑造人物的需要，有利于表现人物性格特点和揭示人物命运的史料，即使只是野史中的记载，也可以用起来。

有句话说历史是任人打扮的小姑娘，所以历史书包括皇帝们的实录提供的未必就是真实的历史；倒是严肃的历史小说，以人性审视人物，根据历史文献提供的线索，结合思想资源、典章制度、人物性格与命运等作出推理，反而能够将隐匿于纷繁历史尘埃中的真相一一展现出来。

高明勇：历史的真实，更多时候是靠细节刻画体现出来的。

郭宝平：对。在我看来，符合人物性格与命运的，进而言之，符合人性的，可能就是最接近真实的。比如，范仲淹与吕夷简是不是欣然解仇，历史上争论很大，欧阳修认为二人欣然解仇，范仲淹的次子范纯仁坚持认为没有解仇。他们都是很了解范仲淹的，谁的意见对？在《范仲淹》这部小说里，我根据范仲淹的经历、心境、性格和他与吕夷简交往的脉络，认定他路过郑州时一定去拜访了吕夷简，书中的那番对话，与当年他们的谈话应该是八九不离十。

再如，范仲淹与梅尧臣交恶，这桩公案迄今没有令人信服的解释。如果联想到范仲淹见梅尧臣不久，宋仁宗突然发怒，要将范仲淹贬岭南，再联系到范仲淹、梅尧臣的个性，就可以窥见端倪了。我认为，这部小说里对范梅交恶的描述，可能最接近历史真实。

高明勇：我看不少评论家关注《范仲淹》时也都注意到"为当下抒写历史题材小说重树了一种严肃的范式"，您认为用小说笔法写历史，最大的难点在哪，又是如何克服的？

郭宝平：我总觉得以真实人物往往又是著名人物为主人公的历史小说，如果凭空编造，不仅是欺骗读者，也是对主人公和他同时代人的亵渎。要开脑洞、奇思妙想，就不要以著名历史人物为主人公。正是在这个观念指导下，我写的历史小说被评论家认为重树了一种严肃的范式。以小说的笔法写历史，难题是先要做够历史学家的功夫，再做小说家的功夫，而且弄不好会两头不讨好。我把握的原则是在确保真实性的同时尽量提高可读性，注重情节安排、氛围烘托。在结构安排上，尽量把具有矛盾冲突的事件详写，主人公一般化的经历略写。比如这部小说里，范仲淹做西帅的内容就比较多。因为这期间发生的事情特别多，矛盾冲突比较尖锐，也非常能反映范仲淹的性格和为人。

高明勇：在网上有个好玩的问题，有人问，作为一个普通人，你最喜欢生活在古代历史上的哪个朝代？答案几乎都是选择"宋朝"。您写"宋朝历史人物"范仲淹，有没有考虑过这个问题，纯粹因为"这个人"，还是因为"这个朝代"？

郭宝平：考虑过。我写范仲淹，可能最重要的还是朝代的因素。在我看来，古典中国人要到宋朝去寻找，范仲淹就是一个代表。

高明勇：这也牵涉了另一个问题，为什么"宋朝"会这么受关注？

郭宝平：什么是好时代？文明进步的时代才是好时代。

高明勇：通读您的小说，在《岳阳楼记》的印象之外，又描述了一个更全面、更生动、更鲜活的人物形象。范仲淹"轻一死而重万代法"，采取"荒政三策"解决饥荒问题，做决策"完全根据事实分析、判断，提出主张，为此，甚至不惜否定此前自己的意见"。您认为宋朝的议论之风、改革之风、忠义之风，都是范仲淹倡导起来的。作为曾经的体制内官员，您认为范仲淹是如何进行"决策"的？

郭宝平：范仲淹是儒者、仁者，他为官做事是基于儒家的道义。这应该是他在决策时把握的总原则。具体的"决策"，我觉得范仲淹做事主要是基于情理。读范仲淹为一些官员写的墓志铭、行状，他推崇的是"断狱必以情""政惟慈恕，不尚威罚"等。宋人说"范文正公处大事必曲尽人情"，这是正面肯定的；朝廷给范仲淹的贬官责词里，说他"区断任情"，这是反面的指责。正反都指出范仲淹做事比较注重"情"。欧阳修是范仲淹的铁杆"粉丝"，他说范仲淹很"自信"。

综合这些信息，结合大量实例（书中这样的实例很多），可以得出结论：范仲淹做决策主要是基于情理，按照个人判断进行的。

高明勇：该如何评价范仲淹的"决策"风格？

郭宝平：基于情理的个人判断做决策，比较体恤民间疾苦，总体上有利于为百姓做实事。但情理和个人判断是有局限性的，失误在所难免。比如范仲淹坚持认为西夏和辽交战是作死，除非天要亡之，否则这样的事绝对不可能发生。辽军已攻入夏境，他还坚持说这是苦肉计，屡次要求朝廷发兵，用语十万火急。如果按照范仲淹的判断发兵，夏和辽可能转而联手对宋了。这件事就发生在庆历新政期间，范仲淹身居高位，咄咄逼人，甚至要求皇帝扣押与之争论的枢密副使富弼。他志同道合的好友枢密使杜衍和副使富弼、韩琦三人，一致反对他的主张，才避免了一次重大危机。事后有人拿这件事攻

击范仲淹，富弼为他辩护说，这是因为范仲淹忧国
之切！

高明勇： 写完《范仲淹》，对您自己意味着什么？
一段创作的结束，还是退休后创作高潮的开始？

郭宝平： 既然主动退回书斋，写作就是我的生活方
式，所以会继续写。

高明勇： 我也注意到，《范仲淹》出版以后，好评
如潮，这些评论中，您最看重哪种评价？

郭宝平： 对《范仲淹》一书的评论，包括网上一些
网友的评论，我基本上都认真看了，对我都有很大的启
发，让我很感动。比如中国作家协会书记处书记邱华栋
先生的一段话："能够超越时间的障碍和时代的阻隔，
进入到时间深处，去打量他们具体的处境，描绘出他们
在历史中的声音、心灵、整个复杂的充满人性的形
象。"丁帆教授不仅审读了《范仲淹》试读本并给出评
语，还写了评论文章。他对我的一些观点有批评，很中
肯，但更多的是鼓励，不仅指出《范仲淹》"为当下书

写历史题材小说重塑了一种严肃的范式"，而且认为《范仲淹》"既不是戏说历史的商业快餐，也不是没有血肉的史料堆砌，它是一部有血有肉的历史艺术巨制"。还有一位新闻界的朋友，对《范仲淹》一书说了十个字——"为古人塑形，为今人立魂"，画龙点睛，醍醐灌顶。

高明勇：梁衡先生将范仲淹的《岳阳楼记》评为"影响中国历史的十篇政治美文"之一，作为范仲淹的传记作家，您是如何看待这篇千古文章的？

郭宝平：写作《范仲淹》一书，让我对《岳阳楼记》有了新认识。《岳阳楼记》开篇就说："庆历四年春，滕子京谪守巴陵郡。越明年，政通人和，百废俱兴……"范仲淹为什么这样写？因为背后牵涉一桩轰动朝野的大案，即滕宗谅案。滕宗谅字子京，是范仲淹的同榜进士、好友。他受范仲淹举荐出任环庆路帅臣。此公为人疏散，好荣进，花钱大手大脚，西帅郑戬是范仲淹的继任者，也是他的连襟，此人热衷于查贪腐案，他给御史爆料，说滕子京浪费、贪污，欺压百姓。当朝廷派人前去核查时，滕子京抢先把账本烧掉了。这引起皇帝和大臣们的极度愤怒，认定落实不了去处的三千贯公用钱是滕子京贪污了，按照法律要判死刑。就连一向维护范仲淹的枢密使杜衍也主张杀滕子京以正国法。如果滕子京果真贪污公用钱，就属于私罪，按照宋朝法律，举主要与被举荐人承担连带责任。此时范仲淹担任参知政事，正在推行庆历新政，滕宗谅案一出，顿时将他陷入尴尬之地。举朝都说滕子京该杀，范仲淹只能硬着头皮形单影只地替滕子京辩护。宋仁宗此时对范仲淹很信任，顶着压力，最后将滕子京贬到岳州了事。这件事对范仲淹的威信损害很大，也严重干扰了庆历新政的推行。仅仅过了几个月，范仲淹就急流勇退，以巡边为名离开了朝廷，庆历新政几近夭折，对范仲淹的非议甚嚣尘上，御史弹劾他"欺诈之迹甚明"，宋仁宗也不点名指责他"阴招贿赂，阳托荐贤"，范仲淹不得不请求外贬，宰相章得象还借机羞辱了他一把。这些内容书里都有详细描写，都是据实而写的。了解了这个背景，结合范仲淹的人生经历，再读《岳阳楼记》，就明白为什么开篇说那样的话。可以说，《岳阳楼记》是范仲淹向皇帝和世人表明心迹的，自勉且勉天下士；他对洞庭湖的描述，实际上是写的宦海。梁衡先生把《岳阳楼记》列为影响中国历史的十篇政治美文之一，名副其实。任何时代、任何人，职场上都不可能一帆风顺，要有"不以物喜，不以己悲"的境界；读书人不管遇到什么不公、不平，报国爱民之志不能移，要有"先天下之忧而忧，后天下之乐而乐"的情怀。

任彧

青年作家

觉醒就是

唤醒内心的光明

高明勇： 我比较好奇你的书名，《超凡觉醒》似乎不太像小说的书名。

任彧： 很高兴来到"政邦茶座"，与明勇老师一起聊聊我的新作《超凡觉醒》。

超凡觉醒，可能是觉得比较像大片的名字吧（笑）。我学电影出身，受专业训练的影响，在写书的风格上也就比较偏向影视，说白了就是会很注重文字的画面感。我常常会事无巨细地写出人物的动作、场景的变化，尤其擅长写打斗场面，写作时我自己都会感觉出那种疼痛。

高明勇：当时有没有考虑过其他备用书名，都是哪些？

任彧：确实想了不少备用书名，"图灵觉醒""图灵猎手""猎魂禁地"……其实"猎魂禁地"这个名字是我最初选用的，不过这个名字过度抽象，最终我把这个名字变成了小说上半部的名字。

高明勇：想借书名传达什么特别的想法吗？

任彧：总体上我是觉得书名应该和内容相辅相成，也应该是内容的精练表达。我在小说里描述了仿生人多个方面的觉醒与人类对自我的反思，其实也是一种觉醒。所以，最终和出版编辑老师一起敲定了这本小说的书名就叫《超凡觉醒》。

高明勇：我是学中文的，对汉语词汇比较敏感，"觉醒"这个词还是很有意思的，既有作为人类的"人"的觉醒，又有作为人类创造的仿生人的觉醒，而智能人的意识问题，也是类似题材小说或影视作品的核心议题，也就是所谓的科技伦理问题。你如何理解"觉醒"？

任彧：我认为描写仿生人类的故事，大多是作者对于人类自身的一种反思。

在自觉层面，创作这本小说时，我认为有三大主题。

第一个就是表达自由的意志，仿生人的觉醒意识，以及它们对"自己的意识"受到操弄的反抗，在故事里应得到最充分的展现。

第二个则是对欲望的反思，欲望对于生命来说到底意味着什么？我觉得没有欲望的生命，是没有活下去的动力的，当然，欲望并不只是金钱、美女与享乐。小说的后期，仿生人既不想受到操弄，但其自身又无法自发性地产生欲望，结果就形成了一个死局。

第三个就是生命，生命到底是什么，活着的意义又是什么？人的生命其实和被操弄的仿生人有异曲同工的地方。我的看法是人类和所有生命也都是被基因所操弄的生物。例如我们每天所干的吃喝拉撒睡等，并非完全由我们的意志所决定，大多时候，这些欲望都由基因的代码赋予，之所以仿生人的反抗会陷入死局，就是因为他们并没有完全理解生命。

高明勇： 你有没思考过自己的科技伦理观？

任彧： 说到科技伦理观，坦诚地说，我有过思考但并不深入。因为我觉得 AI 之类的科幻悬疑小说与克隆羊克隆人不属一个技术范畴，尽管计算机的运算要比人脑快千万倍，但它是靠人编制的软件程序实现的，正是基于此，它有时又会比人脑活动的一瞬间要差千万倍。真正实现 AI 意识的觉醒，并反噬人类的事情，我觉得离我们还十分遥远。当然现在精确制导导弹、无人战斗机以及未来机器战士的使用，对人类局部产生毁灭性的打击，这涉及不涉及科技伦理的问题，我倒觉得应该思考。

高明勇： 雷颐先生给你的小说《超凡觉醒》写了一篇书评，历史学家为关注未来的科幻小说写书评很有意思，而书评的标题同样很有意思，《〈超凡觉醒〉是对"觉醒"的觉醒》。一般都认为，科幻小说偏小众，不少人看不懂，为什么？

任彧： 雷颐先生是知名的史学大家，非常荣幸他能写书评来关注。或许是他以前可能并未涉猎过科幻这类小说，他在评论中坦言"怕读不懂"，在我看来，这才是真正的史学大家实事求是、严谨科学、坦诚谦虚的治学态度。

历史学家为关注未来的科幻小说写书评的确很有意思，治史的目的是为鉴未来，历史学家关注我们这代人写的科幻小说与脑子里的一些奇思妙想，也是件很有意思的事，它既有利于史学家们在治史之余换换脑筋，又有利于让科幻小说从小众走向大众。

高明勇：你认为这个书评题目算读懂你的小说了吗？

任彧：刚才说题目是内容的精练，作为作者，我认为雷颐先生不仅读懂了我的小说，而且挖出了普通读者未必意识到的小说内涵，那就是《〈超凡觉醒〉是对"觉醒"的觉醒》。历史里其实就包含着未来，每一位写科幻小说的人，如果不懂点历史，如果不了解社会的方方面面，他是无法创作出一部优秀的小说的。

我还要说的是，其实"软科幻"并不难懂，真正难懂的是"硬科幻"，当然咱们国家"硬科幻"作品比较少，这与科学技术的发展程度与普及有关，因为这些"硬科幻"关注于物理上的一些点，如果对这些东西了解比较少，确实就很难抓住真正的点，自然会觉得无聊又难懂。我认为像刘慈欣的《三体》，也都算不上是"硬科幻"，几乎没有什么难懂的点。

高明勇： "软科幻""硬科幻"，这个分类倒是有意思。

任彧： 最近，有一位老教师在读完《超凡觉醒》后，写下这样一段评论："今天终于读完了《超凡觉醒》一书。说实话，对于我们这些年近八旬的老人而言，读这类书是相当困难的。但是，书中引人入胜、跌宕起伏的情节，吸引着我坚持认真地读下去。这是一部集惊悚、悬疑、科幻为一体，既有超前预言，又有社会现实意义的佳作，相信随着时间的推移，它会拥有更大量的读者。"所以，不管哪个年龄段的读者，都不要对科幻作品望而生畏，大胆地去拥抱它们，去拥抱年轻人的奇思妙想。

高明勇：你在日本学习过影视，我们知道日本影视文学里的想象力是一大特色，对你的创作来说，你认为这段学习经历都带来了哪些影响？

任彧：您说得很对，正是想象力让日本的动漫风靡世界，对其他创作者的影响有多大不好说，但对我个人的影响的确是很显著的。想象力不只对影视文学，包括对科学技术的研究发明都是不可或缺的。日本的大学教育总体上感觉与我们差不多，中规中矩，但又好像完全不是一码事，至少有一点不同，孩子有超越常规的想象，而教育氛围又都是在鼓励这种想象力的培养。

科幻写作必须要有想象力，要有天马行空的独立思维。一个搞笑的地方就是学日语导致我在创作初期，总是写出倒装句，这应该算是一个糟糕的影响吧（笑），因为日语的语法和中文是逆向的。出生在二十世纪八十年代末，我是最早接触日本动漫的那一批孩子，当时中国正好大量引进日本动漫，我也因此对日本动漫很着迷，动漫中的想象就更夸张一些，好的科幻作品更是不胜枚举。我以前既看过动漫《银河英雄传说》，又看过田中芳树的《银河英雄传说》原版小说，我觉得他就是在用"未来"写"现在"的故事。随着年龄的增长，我慢慢体会到，科幻，不只是对未来的想象，这种想象或许只是一个躯壳，内核我们还是在讨论当下的社会。

高明勇：我也注意到这部小说完成的时间，正好是现实生活还处于疫情阴影之下的时候。文学创作者相对其他人来说更敏感一些，疫情对你的创作有哪些实质性的影响吗？是否符合你的写作预期？如果在正常的环境里写作，《超凡觉醒》会是今天的模样吗？

任彧：相对其他人来说，文学创作者的确更敏感一些，他们要观察社会，有时还要凝视细节，进行思考与创作，不可能不受现实生活的影响，外在的红与黑自然会转化为内在的红与黑，但这些影响一般都会在其后的作品里得到表现，当然写报告文学与应时小说的作者除外。

坦率地说，如果在正常的环境里，我觉得《超凡觉醒》还会是这个模样，因为大多数写科幻小说的作者，他们对未来都有一定的预测性。无论疫情来或不来，人性和一些基本的规律都在那里摆着，只要遇到大的灾难，人性的展现是无法脱离这些基本规律的。很多人说我的小说里有"既视感"，但实际上我的小说在创作过程中，并未参考真实案例，而是靠着自己对社会和人性的观察以及想象力直接推测出的结果，其实是一种推理吧。

高明勇： 你的小说让我想起电影《猩球崛起》，猩猩凯撒向管理者喊出"NO"的时候，其实也是一种觉醒，在扣人心弦的情节中完成了"我是谁——从哪来——向哪去"一系列富含哲学意蕴的思考。觉醒的反义词是控制，人猿关系也是控制与觉醒的对抗。你认为人与仿生人的关系，是这种对抗，还是最终会走向和解？

任彧：《猩球崛起》系列是非常优秀的电影，三部我都看了。我是谁？从哪来？要去哪？这是哲学上对生命意识的"终极三问"，其实任何关于讨论生命与意识方面的作品，都会对这"三问"进行一番深刻的思考。

人类从猿人、部落、民族、国家一步步走到今天，对抗与战争连绵不断，"二战"后七十余年的实践告诉我们，控制与觉醒的对抗虽然始终存在，但大多数国家、不同的民族还是可以和平共处、相互包容的，因为控制而产生对抗，几乎是所有生命之间的必然斗争，即使是"和解"也是暂时的。这也包括我们个人——一个独立的个体生命，每一天都在做着控制与觉醒的斗争。

其实，生活现实对我们的影响，尤其在疫情期间，生活压力对普通人加大，就会让人觉得无力而绝望，觉得人生毫无意义，出现了内心的黑暗，于是就发生了一些悲剧。要活下去，我们就要唤醒内心的光明，也就是我说的"觉醒"，去战胜现实生活中的黑暗。

高明勇：你认为什么才算是和解，实现的可能性有多大？

任彧：仿生人是人类科学技术发明的产物，是否会走向意识觉醒与人对抗，我认为这也完全取决于制造它的人。如同人类的战争，多数是由一两个疯子发起的一样。我想象的人与仿生人之间的关系应该是对抗中带着和解。

高明勇： 一般来说作家都有一种"经典"的追求，在科幻小说方面，有没有你喜欢的经典作品？

任彧： 科幻小说，实话实说我看的真的不多。印象比较清晰的有日本的《环界》（午夜凶铃系列就改编自这部科幻小说），刘慈欣的《三体》，我还看过《湮灭》那个系列，不过就是看不太懂，因为《湮灭》系列真的太"硬核"了，虽然它曾经打败《三体》获得过星云奖。

高明勇： 你的创作有哪些对传统的借鉴？你认为自己的创新有哪些是独一无二的？

任彧： 我的作品参考比较多的其实是电影和电视剧的科幻作品，独创性应该是我对于生命、欲望以及自由意志关系之间的思考。我作品的故事结构与叙述方法也比较独特，文艺式的描写极为少见，完全以悬疑小说的方式来写科幻，即在最开始的时候，让很多读者以为这是一部超现实的普通悬疑小说，但看着看着，就会突然发现，原来故事里发生的一切都是有科学道理可以解释的。《超凡觉醒》其实和《环界》比较像，不过我看《环界》这部小说是在最近，那时候早就交稿了。

乡愁向左，
诗意向右

王尧

鲁迅文学奖得主，
苏州大学文学院教授

虚构是打开和延伸

故乡的一种方法

高明勇：您的小说《民谣》，让我想到学者赵普光的相关研究。"文"与"学"的贯通关系，近年来是学界和文学界的一个特点。他曾指出，文学是审美和学养的融合与淬火。部分当代作家文与学或显或隐地互动、互渗，可视为文、学兼通的人文余绪的某种回响和遗存。您作为学者、批评家去写小说，最大的"近水楼台"是什么？

王尧：新文学的传统之一就是文与学的互通，作家、学者或批评家的身份不像现在这样清晰，所谓跨界写作，也不像今天这样会视为一种现象。我在不久前的文章中再次说到文章传统的传承问题。我自己在写小说时，没有学者或批评家的身份感，我也不认为有所谓学者小说，小说就是小说。但写作者的某种身份肯定会对小说写作产生潜在的影响。如果能够把文学研究的"学术性"和事实存在的"文学性"融合到小说的"文学性"中，那么这类小说的面貌可能不一样。

高明勇：您说"写作者最大的困境之一是没有自己的世界观和方法论"，您的世界观和方法论是什么？按照这个标准，当下文坛这种困境严重吗？

王尧：近二十年，我不时重复这个说法。这与自己的文学史研究、文学批评有关，无论是进入文学史，还是介入当下文学生产，都会发现缺少世界观和方法论是历史和现实的困境。我在很多文章中谈到了。如果回到自身，我自己的研究和创作其实也是不断发现和不断挣脱这一困境的过程。观察当下的文化现实，我们的糊涂、清醒、无奈等都与有无世界观和方法论有关。这不仅是文坛的困境，也是知识界文化界的困境。我在谈"小说革命"的文章中，说了文坛的这一困境，这是我提倡"小说革命"的依据之一。

高明勇：我看您说自己的写作过程是不断放弃许多概念和阅读经验的过程，为什么要摆脱这些经验？为什么说是自己的文学理解影响了文本，而不是突破了批评家的理念？是因为无法突破？

王尧：我感觉自己说了太多的话，以后如果有新长篇，我要少说话。写作当然是建立在阅读经验之上，没有阅读，就没有创作。但是，阅读经验需要转化为写作者内在的资源，而不能让阅读经验压着自己去写作。对文学的理解会形成批评家的理念，这是一个问题的不同表述。在实际的写作过程中，理念、思想是在形象之中。

高明勇：故乡是文学创作的母题之一，于您而言，也是"写作的种子"。写故乡的方式有很多，纪实，或虚构，选择小说方式，有什么考虑或者焦虑？

王尧：没有特别的考虑，写作者不排斥任何方式。虚构，是打开和延伸"故乡"的一种方式。我的《一个人的八十年代》和《时代与肖像》等都是写故乡的，是纪实的文体。想象与虚构，对任何一个写作者都是一种诱惑。尝试用不同的文体表达我对历史和现实的理解，一直是我的写作理想。《民谣》鼓励我在这条路上继续向前走。

高明勇：您多次提到小说的开头，"我坐在码头上，太阳像一张薄薄的纸垫在屁股下"。是否在追求一种经典的"小说开头"？

王尧：开头这句话不是打磨出来的。许多小说大师都说过开头如何重要，我在写作中体会到了。读过《民谣》的朋友，见到我就会说"我坐在码头上"这句话。我没有想过"经典"二字，但这句话似乎成了我自己的"经典"表达。

高明勇：读完小说《民谣》，给我的印象更像是"自传体小说"，好像您并不是很认可这种说法，为什么？

王尧：很多读者朋友有"自传体"的感觉，我尊重这种感觉。《民谣》当然有我个人的痕迹，但它是一部虚构之书。读者朋友的这种感觉与我的写作方式有关，即使很熟悉我的人，在读"杂篇"时也以为那些真的是我的作文等，其实，杂篇中的诸篇和注释中的故事，都是虚构文本。这让我有点小得意。

高明勇：您在后记中说"笔力不逮之处俯拾皆是"，是谦虚吗？或者说您认为学者写小说的最大障碍是什么？

王尧：这不是谦虚。小说中存在的问题与我的学者身份没有关系。小说写作有共同的难题，如何把思想、故事、语言融为一体。具体到每个作家又因人而异，在我就是如何讲好故事。小说不等于故事，也大于故事，但肯定要讲故事。如何讲好故事对我是考验。学者是研究文学，写小说是另外一种方式，需要转换笔墨。研究要贴着文本，连接世界；写小说要贴着人物，置身想象的世界中。

高明勇：进行文学创作，有的人喜欢闭门自己苦思冥想，有的人喜欢征求不同朋友的意见，您好像属于后者——"敞开的""通宵达旦讨论小说"，如何看待这两种创作方式？

王尧：其实，我多数时间也是闭门苦思冥想。但我有时会拿出一部分和几个朋友交流，一是自以为写得好的，和朋友分享；一是没有把握的，问策于朋友。这与我的性格和初写小说有关，我没有那么自信。我熟悉的一些优秀小说家，在初稿完成后也会征求朋友的意见。整体而言，小说写作是"闭环"的。我想这不是两种写作方式，只是小说作者征求意见的不同而已。

高明勇：疫情对很多人的生活都造成了很大影响，您说"这段时间的精神史，可能是我们重新理解世界认识自己的一个重要环节"，您有哪些"重新"之后的发现？

王尧：疫情影响之大，是百年未有之变局的一部分。我们发现自己的认知能力受到太多挑战：全球化、地缘政治、产业链、知识生产等都发生了深刻的变化，包括中国与世界的关系。我们曾经熟悉的一些东西断裂了，我们曾经认为已经消失的东西复现了。每个人的生活方式都受到不同程度的影响。如果不谈这些宏大的话题，其实我们每个人内心的挣扎就是一部书。我是在艰难的日子里长大的，不是那么容易失去对生活的信念。我也时常郁闷和悲观，但我总想从温暖、积极的细节中寻找抑制伤感和悲观情绪的力量。

刘明清

知名出版人，
作家

所谓诗意，可能就是

"理想" + "乡愁"

高明勇：理想和乡愁，这个书名倒是很有意思。这两个词，平时大家也说，你怎么理解这两个词，你的理想和乡愁都是什么？

刘明清：其实任何人都是有自己理想的，只是理想的内容可能会因人而异。即便是同一个人到了不同的人生阶段，理想也会发生变化。可能是由于今天的社会风云激荡、竞争激烈的原因，几乎每一个人都切实感受到生活的压力；尤其是那些正为事业打拼的年轻人，压力感、无力感会更加突出。所以"理想很丰满，现实很骨感"，成了近些年的流行语。当然这显然是与我们这样一个快速发展和转型中的社会大背景密切相关的。

我个人眼中的理想，可以分为两个层面。一个层面是生活理想。这一点应该说与大部分人的生活理想是相似的、接近的，即追求自己和家庭衣食无忧、自由自在的健康生活。不过我的生活理想中，可以说具有青年时代根植的一种属于诗意、浪漫的成分——这当然首先归因于我在家乡顺义的乡村生活经历，对于土地对于田园有着始终无法割舍的情愫；另外也是我个人的文学情趣使然。再一个层面是社会理想。我自己所学专业是法律，尽管大半生的时间从事的是图书出版工作，但法律、法治的信念从青年时代起就没有动摇过——所以我憧憬的社会理想，不是所谓的田园牧歌的社会，也不是传统读书人希望的君子社会，更不可能是糟糕的权贵资本主义，而是发达的法治、民主社会。

说起社会理想，也许很多人会觉得与己无关，离日常生活太遥远，事实上不是的，因为我们每个人都是社会一分子，社会进步与否自然关乎我们每一个人的切身利益和福祉。

至于我在《理想与乡愁》一书中提到的"乡愁"，更大意义上是指现代化时代的一种精神产物。

在改革开放以后，我们仅用了三十年时间，迅速实现了工业化，城市化的进程也已经过半。中国人的物质生活水平取得了历史上从未有过的提高。但随着现代化、城市化而来的是生态环境问题，青山绿水稀见了，乡村数量大大下降了。今天不少在城市生活的人们，或多或少地存在一种"乡愁"的情结，对土地对田园对故乡有着一种挥之不去的美丽幻想与迷恋。这种幻想与迷恋，与其说是传统农业社会思潮的一种精神回归，不如说是全球化与消费主义时代的另类果实。

我们知道，在传统的农业社会中，乡愁的本质是"愁"，所以它似乎并不是一个美妙的词汇，而是与贫穷、噩梦相联系的。而今天的"乡愁"，本质不是"愁"，是一种被现代性（及后现代性）包裹的精神眷恋——其指向是美丽的山川、河流、原野、故乡……我们看到，不少有远见的房地产商是极洞悉这一社会脉动的，他们在远离城市的郊区打造的房地产项目，喜欢用"乡愁""原乡"之类的动情说辞吸引客户。

高明勇：反思和夙愿又是什么？

刘明清： 在我的书中，反思与夙愿也是两个不可忽略的主题词。反思，或者说反省，如我这样一个已经步入人生下半场的读书人而言——我自认为可以当得起"读书人"的称呼，做出版、看书就是自己的工作——所以我还给自己起了一个"职业读者"的网名，反思、反省也是必要的功课，阅读不做思考、不反思、反省，是发现不了问题的。阅读的同时，反求诸己，也是顺理成章的逻辑过程。虽然圣人曾子有"吾日三省吾身"的告诫，我自己也只是"心向往之"而已，根本做不到的，也从没有想过要那样严格要求自己。那么我自己反思的内容，主要还是更多局限于阅读、知识方面；做人做事方面的反思、反省不能说没有，真是很不够的。故此，我为自己后半生制定下的准则依然是阅读、反省、生活。

说到"夙愿"，应该是人生最长久的心愿吧。我大学毕业之后的第一份职业是在高校做教师，那时正值思想解放的 20 世纪 80 年代。也就是在那个年代里，我形成了自己的价值观和人生观。

我当时热衷阅读的是北岛、顾城、舒婷等青年诗人创作的朦胧诗。但我最钦佩的则是有学问的人。青年的我给自己许下两个愿望：一个是写出自己最满意的诗歌作品；还有一个是做一个有学问的人。三十多个春秋过去了，自己的两个心愿或者说夙愿实现了吗？第一个，尽管自己刚刚出版了诗集《人生归处是田园》，但里面所收诗歌，虽然也有几首算作满意，甚或自感得意之作，但如果说最满意，好像还是没有。第二个，自己成为有学问的人了吗？想到这一点就汗颜了。比起那些满腹经纶的读书人，自己虽号称"职业读者"，其实肚子里到底装了几瓶墨水，还是清楚的。比起那些学富五车的专家学者，自己更是只有羡慕的份儿了，至多给自己封一个"观察家"的称号。

为什么敢自封"观察家"呢？那是因为我大半生做编辑，与图书作者打交道多，哪个作者真有学问、哪个作者是混饭吃的，自己还是能够观察出个一二、鉴别出个高低来的。

高明勇：你提到这些文章里蕴藏着自己"观察社会的方法、看问题的视角"，简要地说，它们都是什么？

刘明清：说到"观察社会的方法、看问题的视角"，我自己总结如下。

观察社会，我更相信的还是亲历，即现实体验与亲身调研。比如，我们对一个地方的认识，不能仅凭道听途说，缺少了个人的现实体验，很容易被误导。网络上有大量的网民，可能连国门都没有出过，却喜欢盲目美化或者抨击以美英为代表的西方主流文化。即便在今天互联网已经普及的大背景下，我也不太相信"秀才不出门，便知天下事"。

梁鸿教授几年前曾经出版过一本书叫《中国在梁庄》，我十分喜欢，因为那是她对自己家乡亲身观察、调研与思考的作品。当然，受时空所限，我们也不可能对感兴趣的事情都去实地观察、调研，那么阅读就是最好的路径了。阅读也有方法的问题，我倡导"杂览主义"，不能只读一派观点的书，还应当看相反观点的书；也不能只看自己专业范围内的书，还应当看专业以外的书。这样你的观察和思考，会更有价值和意义。

"看问题的视角"是与观察社会紧密相连的。观察社会，就是观察问题，也是"怎么看"的问题。我个人最欣赏胡适先生的怀疑精神。他在 20 世纪 20 年代就告诫年轻人不能相信绝对真理。怀疑意味着独立思考，不被所谓的权威、教条、金科玉律束缚。那么如何做到这些呢？看问题时，我们可以尝试从相反的视角、对比的视角，进行分析思考。美国著名投资人查理·芒格先生有一句名言"反过来想，总是反过来想"，这句话对于我个人是非常受用的。我也借此推荐给更多的读者朋友们。

高明勇：《人生归处是田园》这本诗集中的诗歌，你说更多是你近五年来在密云乡居时写的，乡居和城居，不同的环境，对你写诗歌有多大的影响？

刘明清：是的。我 2016 年秋天从海淀移居密云长住，已经有五年多的时间。这五年的乡居生活让我有了更多时间读书与思考，特别是当我徜徉在密云的山水之间，几乎每日与云朵为伴，被鸟鸣唤醒的时候，诗意、诗情会不自觉地涌向心头。而在城里嘈杂、紧张的环境里，这样的心境是很难出现的。

虽然我早在二十世纪八十年代就对诗歌创作充满了热忱，但写下的东西是很少的。后来走入工作岗位，又很快被事业与家庭占据了更多的时间，也难以静下心来。如此被缪斯之神抛弃就是件很自然的事了。但诗歌的种子一直深埋在心底，直至自己走入人生下半场，移居密云乡间生活时，才又重新苏醒了。

我印象中，《海子诗全编》中有相当数量的诗是他生前在昌平小城独居时写下的。八十年代的昌平是一个被乡村包裹的小镇。我个人认为，海子诗歌的灵魂，从来都不属于城市，而是栖居于乡村原野上的。

高明勇： 你的乡居生活让我想起民国时期的知识分子董时进，他曾经在当时的《独立评论》上发表了《乡居杂记》系列文章。相信乡居状态下，影响的不仅仅是写作，还有心态，以及认识论和方法论。你认为自己有哪些改变？

刘明清： 无论如何自己的乡居生活与董时进先生、晏阳初先生、梁漱溟先生等那一代大师级知识分子的是根本不能相提并论的。他们都是抱着"改造中国""改造社会"那样宏大高远的社会理想去实践的；而我则纯粹是从自己的生活情趣与生活方式选择出发的。

首先是城里的住房空间有限，自己的书籍只能堆放而不能上架；再就是不再需要我每天朝九晚五地去上班了，自由的时间多起来了；还有就是我的田园与乡愁情结需要一个释放的出口，所以恰好几年前偶然在密云依山傍水处买了一处稍大一点面积的房子。故而，便同家人商量搬到密云长住了。这便是我乡居的缘由。

当然乡居状态下，心态确实变得比之前城里生活平静、超脱、自由了。所以写作方面，似乎也有了更多的思考，或者说哲思成分。至于说认识论、方法论方面，虽没有颠覆性的改变，但仍然有了显著的变化，即能够更理性、更客观、更灵活地看待周围的人、事、社会和世界了。

高明勇： 我看你的诗歌大部分是疫情前写的，疫情后写得多吗？能否分享一两首最喜欢的？

刘明清： 新冠疫情暴发后，我的诗歌创作没有停止。只是由于出版时间的原因，新作没来得及收入集子中。 2020 年 6 月，我曾经自驾到内蒙古阿尔山旅行过一次，一路留下了几首诗：

北上

每一次北上塞外

都很像是一次游子还乡的访亲之旅

尽管草原上没有一只羊一匹马

属于你

尽管西拉木伦河

从没有在你梦里流淌过

尽管那些蒙古包里

没有一个你熟悉的亲人

可你从没见外过

你不见外塞外强劲的风沙吹迷眼睛

你不见外草原的道路起起伏伏

太漫长

你不见外满天白云

一会变乌云一会又下雨

你不见外歌声里的鸿雁

飞往渺无人烟的远方

北上乃逃遁之路

就像当年的契丹人蒙古人逃离中原

他们的逃离可真是永久的逃离

你不是

你的逃遁不过是

一次暂时的逃避和麻醉

因为塞外从不拒绝庇护

受伤的生命和魂灵

（2020.6.2 于突泉）

自由的草原

在内地，马总会被捆绑着缰绳

在草原，马可以自由奔跑

在内地，牛总会被强迫去劳作

在草原，牛可以自由吃草

在内地，羊总会被牢牢地圈养

在草原，羊可以自由巡游

在内地，动物们多是被人所役使的

在草原，动物们多是被人所珍视的

在内地，神灵们多是用来唬人的

在草原，神灵们多是用来祭祀的

在内地，心灵常常被禁锢被压抑

在草原，心灵往往得释放得自由

（2020.6.3 于阿尔山）

高明勇：疫情后，很多人重新阅读陶渊明，重新阅读苏东坡，不同的年龄，不同的环境，阅读时必然有不同的心境。我看你也谈了对陶渊明诗歌的理解，乡愁的本质其实是"人生归处"，正当壮年，如此理解是否有一些悲凉的色彩？

刘明清：中国古典诗人中，陶渊明确实是我喜爱的诗人之一，所以《理想与乡愁》中收入了我一篇读陶诗的文字。

陶渊明的回归田园，似乎确实有某种悲凉的色彩，因为他是不愿意"为五斗米折腰"的，回归田园固然为其所愿，却有着不尽的无奈与凄苦晚境。而今天的时代与陶渊明的时代显然未可同日而语——尽管表面上，大家的人生归处是一样的，但内涵可谓天壤之别。我所理解和期待的"人生归处是田园"，更确切地说是下半场精彩、自由人生的开启。

事实上，今天也有不少比我年轻的中年人，甚至更年轻的青年人离开大城市到乡村过自己喜欢的生活的事例——这当然让我们感受不到有什么悲凉的色彩，相反是一种浪漫，甚或时尚的新生活方式。

高明勇：十二年前你出版了《从愤青到思想家》，时隔十二年，又出版了《理想与乡愁》，总体来说，确实是淡然了不少，但还有一些篇章，能看出"愤青"的底色，比如《对"过度执法"的忧虑》《坏人得不到惩罚的结果》《如何摆脱作为"乌合之众"成员的命运》等。你在封面上引用苏格拉底的那句名言——未经反思的生活是不值得过的。我想知道，对你来说，经过反思的生活是什么？是否在乡居时找到了？

刘明清：我在自序中确实把刚刚出版的《理想与乡愁》视为十二年前出版的《从愤青到思想家》的续篇。因为其精神内核是一致的，只是思维方式、表达方式比十二年前或更显成熟一些、淡然一些罢了。所以，如您所言，仍然能看出"愤青"的底色。

人的信念、理想与价值观是不会轻易改变的。显然我也是不例外的。苏格拉底关于"未经反思的生活是不值得过的"的名言，很早的时候，我就引为人生座右铭。今天，我依然视作自己的人生信条。前面已经表达过，我的乡居生活不敢说让自己变得更聪明更智慧了，但更理性更超脱更自由，却是实实在在的收获。我相信，"阅读、反省、生活"，会一直陪伴我走到自己的人生终点。

黄梵

诗人，小说家，
南京理工大学副教授

诗意就是

在熟悉中追求陌生感

高明勇：当代人写的诗歌，似乎受众越来越少，除了阅读习惯、阅读趣味等因素，这方面应该和诗歌的写作者也是有很大关联的。我看到你在《意象的帝国：诗的写作课》中对这个问题的态度，"不少人写的诗，之所以无价值、无意义，还是因为对诗意在人类进程中的角色安排，知之甚少"。你理解的"角色安排"是什么？

黄梵：一些诗人坚持的写作理念，仍是现代主义的曲高和寡，象牙塔，对于生活方式急速变化激发的诗歌需要没有觉察。以不变应万变，说明对诗歌扮演的人类学角色认识不足。

与人类早期一样，诗意在现代社会依然有用，仍是对共同体的维护，打破个人生活的单调、无意义，通过平衡现有生活和创造新的生活可能，完成生活赋予诗意的使命。

现代主义强调的与生活隔绝，不食人间烟火，对中国的适用期已经过去，七十年代到九十年代是需要它的年代，新世纪以来，诗歌必须重新与生活关联起来，已变得复杂的新生活，需要诗歌介入社会和个人领地。

比如，有些诗人一味玩味难懂的语言之谜，或一味玩味大白话，不是说他们写的不是诗，而是说他们的诗，已脱离生活对诗意的综合需要。如果意识到，人在生活中创造某个节日，比如"双十一"，与人在诗中创造某个意象，是同源的诗意行为，我们就能领会基因对诗意的角色安排。

诗意就是在熟悉中追求陌生感。人人结婚的时代，你不结婚，就成就了一个诗意行为，反之，人人不结婚，你偏结婚，你的行为也诗意盎然。诗意同样会体现在道德中，这是道德常会左右摇摆的原因。

高明勇： 一个有趣的现象，疫情发生后，我身边不少朋友反而喜欢上诗歌，喜欢上苏东坡等诗人，有些还重启了诗歌写作。你认为为什么会出现这种现象？我们常说"诗和远方"，难道因为无法去"远方"，就回到"诗"？

黄梵： 无法去远方时，回到诗歌确实是有效的替代。

人之所以要去远方，是为了暂时摆脱眼前过于熟悉的生活，去远方寻找陌生的风物。去远方的这一行为，就是我刚才讲的，在熟悉中追求陌生感，是一个创造诗意的行为，与诗人在诗中创造诗意的做法，十分相似。所以，去远方不能实现时，写诗是可以成为替代的。

为了理解诗人如何在诗中采用类似的做法，我们来看穆旦一句很简单的诗，"绿色的火焰在草上摇曳"。如果穆旦只是说，"火焰在草上摇曳"，因这个场景现实中常见，就没有什么诗意，一旦穆旦把草上摇曳的绿色，说成是"绿色的火焰"，就通过追求熟悉中的陌生，创造出了诗意。

高明勇：我记得最晚在 2005 年我们就认识了，当时还在南京，你和诗人马铃薯兄弟、何言宏教授、傅元峰教授共同发起了"中国南京·现代汉诗研究计划"。我也知道你一直在写诗歌，写小说。很多人往往坚持不下来，那你坚持写诗歌的动力是什么？

黄梵：2005 年到 2007 年，我们都算"年少轻狂"，才干得出那种轰动一时的事。

我写诗不是坚持下来的，是喜爱至深。写诗就像看博物馆、旅行、走路、与知己聊天、读书等一样，对我有不可抗拒的吸引力，我现在不需要为做这件事，动用什么意志力，只需为它安排出时间即可。

当然，在写作习惯还没有形成之初，确实需要一些意志力，习惯一旦形成，写作本身就成了享受，是那种酸甜苦辣都有的享受。反过来，诗也改变了我看待生活的眼光，使我受益匪浅。

高明勇：谈到"意象"这个词，我也经常写作，对这个概念有很多认同，你怎么看待"意象"与"诗意"的关系？

黄梵： 不是所有意象都有诗意。比如，一些常见的生活场景的意象，"那群人正在吃饭""一辆汽车飞驰而过"之类，就没有诗意。意象想要有诗意，得遵循前面讲的诗化结构，就是要包含"熟悉中的陌生"。

比如，"我看见一颗颗盐"，这句话是常见意象，因缺少陌生，就没有诗意。如果改说成，"一颗颗盐，就是一滴滴结冰的泪"（黄梵《盐》），因把泪的特性，赋予了熟悉无趣的盐，生活中不常见盐有泪的特性，这一改写，就使得盐这个意象有了诗意。

我在书中，把这种意象叫主观意象，是诗意比较浓的意象，比"我看见一颗颗盐"（我称这类意象为客观意象），诗意要浓。这一诗化结构，算是我讲写诗课的一个发现吧。

高明勇： 你说要回溯美和诗意的源头，找到了理解诗意的捷径，就是"普通人容易理解的人性"吗？但其实文学创作，似乎都会涉及洞察人性的问题，诗歌创作有什么特殊的吗？

黄梵： 文学就是人学，这是公认的常识。但诗与人性的关联在哪里，这是很多人感到困惑的，不然很多人就不会认为，诗是诗，生活是生活，两者毫不相干。他们在生活中既看不到诗的影子，又不知诗化的力量在暗中推动他们做了很多日常的事。

诗意实际上是人性悖论的外化，人既追求安全又追求冒险，诗歌不过将这一悖论推向了极致。所以，人在生活中，一定有很多类似的诗意行为。

比如，对朋友倾诉，或一时冲动地手舞足蹈，或外出旅行，或过节、创造新节等，与写诗都是同源的事，都试图把内在的感受诗化，只是诗歌做得更好一些。

这些诗化，与人类早期艺术的诗化一样，对生活都十分有用，如同颜值可以带来生存机会，诗化的语言表述一样可以带来生活或精神机遇。比如，充满诗意的广告词，确实容易招徕生意。普通人一旦能看清诗与生活的这些关联，还会认为诗歌属于象牙塔，与己无关吗？

高明勇：我看你在强调"真正的写作"，你想突出的是什么？对立面是"虚假的写作"？

黄梵："真正的写作"是指作家的真实写作，与中小学甚至大学教的写作，是两码事。

语文课教的写作，试图把一切都用理性确定下来，他们把写作变成了造机器，先把每个零部件在脑海里加工好，再组装成一篇文章。他们忘了人不是机器，就算人有理性，也无法完全掌控一切。

作家的写作要高明得多，他们是机会主义者，有明确想法时，就让想法带着感觉往前走，没想法时，就让感觉摸着石头过河。总之，他们的写作会兼顾理性和非理性，不会让理性完全掌控写作，会赋予写作很多即兴发挥的自由。所以，作家的初稿与定稿，往往有很大差别，作家修改稿件时，才会变得很理性。能兼顾法则与自由发挥的写作，才称得上是"真正的写作"。

高明勇：你最喜欢的诗人是谁？或者哪首诗？

黄梵：诗人不是忠诚的动物，不适合说只有唯一的喜欢。国内的诗，我喜欢得太多，就不列举了。

国外的诗，我喜欢辛普森《三驾马车》、勃莱《反对英国人之诗》、博尔赫斯《界限》、弗罗斯特《雇工之死》、辛波斯卡《博物馆》、策兰《花冠》等。

高明勇：你自己最满意的诗歌作品是哪首？

黄梵：有一些很满意的诗，大概《中年》《鱼》，担得起最满意。

高明勇：你列举了"新诗 50 条"，其中第 32 条说"诗意不来自世界，而来自诗人的注视。"我比较好奇，作为诗人，你是如何"注视"的，作为教授，又是如何传授"注视"的？

黄梵：我前面匡正了常人对诗意的误解，他们以为诗意含在一些特定的事物里，比如，含在蓝天白云、高山大海里，其实诗意来自主观上你怎么看待事物，能看出山不是山，水不是水，你才能看出诗意。

为了验证这一点，我特地写了一首诗《苍蝇》，把常人眼里毫无诗意的苍蝇，仍写出了诗意。这就是我为什么说，诗意不来自世界，而来自诗人的注视。

当然，能产生诗意的注视，必须来自一双新眼睛，不会来自被生活格式化了的旧眼睛。我教学中的任务，就是找到能帮学生换眼睛的方法，比如，书中讲的四种错搭方法等。

汪永晨

著名环保人士，
民间环保组织"绿家园
志愿者"召集人

中国在梁庄，

也在涌泉庄

高明勇： 虽然河北蔚县也有一定的名气，可是涌泉庄就寂寂无闻了。这两年很多人是因为您才"发现"涌泉庄的存在。什么原因决定开启"村居时光"的？

汪永晨： 其实回到蔚县妈妈的老家非常偶然，说起来和疫情也有关系。

2019 年年初，涌泉庄乡的官员找到我，说是乡里有一笔钱，他们有四个选项，其中一个选项是给王朴——历史上著名的爱国商人，也是我的太姥爷——重修祠堂，为此，还把王家在山西、天津、北京的亲属找到一块儿，在北京开了一个会。

经乡政府牵线，我三次回到涌泉庄。前两趟回去多少有点儿故乡情结，因为知道自己的太姥爷在那做出过那么大的贡献，捐钱捐粮抗日，当地还流传着"不吃不喝赶不上王朴"的老话。作为记者，也想去了解一下家族的长辈。

2014 年我 60 岁，2017 年退休后，时间自由了一些，于是和哥哥、弟弟、小姨一起回到涌泉庄，看到祠堂正一点点破败，当时想如果有机会自己愿意投钱重新翻盖祠堂。2017 年为了给"绿家园"发工资，做自己想做的事，我把北京的房子卖了，手上也有了点钱。希望为妈妈的老家建一个有慈善意义的、供村民读书娱乐的地方。

高明勇： 作为知名环保人士，您和哥哥在妈妈的老家涌泉庄做的第一件事是"种树"，这是出于什么考虑？职业习惯，还是当地的生态刚需？

汪永晨： 种树，买树苗，找人种，要花很多钱，主要是我哥在主导，我没那么多钱，算是有些被动。

当地人并没有认识到种树的重要性，似乎也没当成刚需。确实是我接触到孩子们以后，很希望他们参与保护环境，有这么一个过程。虽然他们在很大程度上当着我的面会是一个环保小卫士，但背着我照样垃圾乱扔。我倒是有准备，他们会养成习惯的，需要慢慢地改变。

高明勇： 促使您下定决心，有什么特别的事件吗？

汪永晨： 其实就是疫情。2020 年 4 月 1 日，疫情期间在北京什么也做不了时，我和我哥、我的先生及朋友艾若四个人，一起回到了村子里，一住就是一个半月。

这期间因为种树和村子里的孩子们打交道。发现这群孩子虽然住的离北京只有三个小时的车程，却从来没洗过淋浴，也没有吃过生日蛋糕，和北京孩子的生活相差之远难以想象。而我带着他们种树、捡垃圾、读书、听故事，他们极有兴趣。

对于一个记者来说，哪怕退休了，写作依然是生命的重要部分。从 4 月 1 日到 5 月 13 日，我每一天都记录和孩子们在一起的经历、村子里的众生相以及家族曾经的点点滴滴。

从乡亲们那里了解到的当年王朴的舍得精神和他借粮给穷人时的"大斗出，小斗进"的做法，都让我找到了自己身上的志愿精神、社会责任，以及帮助弱势群体的理念的根源。

这时也越来越明确了，回到村子里有我做的事儿。

至于我写的这些随笔，每天在群里发出后，都会得到另一种惊喜。没想到很多朋友对我写的这些很感兴趣，非常向往我的乡村生活，这可能也是我在村里越住时间越长的动力。

高明勇：作为一位"名人"，您的一言一行在当地都有反馈吧？

汪永晨：从 2022 年开始，除了和孩子们交朋友以外，我也希望把当地的妇女动员动员，因为我在中央人民广播电台制作的妇女节目，曾经在全国引起了反响，为此还参加了联合国召开的世界妇女大会。

刘瑞格书记知道我的经历后，邀请我做"中国江河危机及江河保护的公众参与"的报告。我也被报告的反响所打动，更是让我有了新的出发点，要逐步去影响他们对环境的认知，以至对县域经济的带动。

后来，我又在县商务局总直播间里开辟了"壶流河

家事"节目。点击率虽然不是很高，但是凡是看到的
人，几乎都成了忠实的观众。

这些就是我在一个不被人知道的村庄做的事，以及
希望继续做下去的期待。不是一见钟情，而一步一步地
坚定了做下去的勇气。

高明勇：涌泉庄之前去得多吗？第一印象，或者最
深刻的印象是什么？

汪永晨：刚才也提到，在 2004、2005 年的时候，
因为参加了在北京举办的在京蔚县籍人员的大会，借
机回到了过去只是听家人提及的妈妈的老家蔚县涌泉
庄。连续去了两年，一个原因是那里正月十四有"打
树花"，另外两次都是"绿家园"志愿者的生态文
化游。

第一次去的印象还是"穷"，我哥还给一些跟我们
沾亲的村民捐了钱。

印象深刻的是我们的祠堂边是垃圾堆，村里没有地
下水，脏水满街倒。

刻骨铭心的，是村里人告诉我：村子里甚至全县的大松树，都是我的太姥爷王朴当年种的。

当时想，我在全国各地搞环保活动，可是自己妈妈的老家还那么脏。

这些都是促使我要改变村子面貌的重要原因。

高明勇： 涌泉庄与您之前去过的其他村庄相比，有什么共性和独特之处？

汪永晨： 以前倒是去过不少的村子，可是对一个村子的采访最多也就是几天的时间。江河十年行，黄河十年行，都走了十年，有一个纵向的了解和对十年间变化的记录，但是对一个村庄深入的解读远远谈不上。

而现在我在村子里已经整整两年零两个月了，所以看到了更深层的东西。

一个深刻的印象就是村里的庙真多，不知是否以前对采访过的村子没有特别留意，反正很难想象一个村子里会有或五六个，或七八个庙。而且村村都有堡墙，有古戏台。这在走黄河十年行、江河十年行，在中国的西南、西北、中原经过的村子中，是很难见到的。

遗憾的是，庙里几乎都有年久失修的壁画，有些极为珍贵，但是它们都在破损中慢慢消失。

和其他村庄相同的是，一定要让孩子读书，哪怕再穷。很多人在城里租房子住，就是为了孩子上学。这些现象，我在甘肃，在四川，在云南都遇见过。条件稍微好一点的，一定要把孩子送到外地读初中。他们认为最好的教育，就是衡水模式。相同的地方还有一个，就是认为在生活中挣钱高于一切。

高明勇：在您所关注的公益领域呢？

汪永晨：去年春节，我哥在村子里举办了灯会，我带着村里的孩子们在周围捡垃圾。一些外面来的家长，竟然对捡垃圾的孩子嗤之以鼻，让他们的孩子离我们的这些孩子远点儿。我们也试着组织义卖鸡蛋，想为春天种树募捐，结果卖出去的很少，听到的常常是"公益、慈善我不关心"。

高明勇：您在涌泉庄的经历，让我想起梁鸿的《中国在梁庄》，熊培云的《一个村庄里的中国》。您认为中国更在"梁庄"，还是更在"涌泉庄"？

汪永晨：那两位作家是学者型的作者，而我是记者范儿。

也许从小生活在新华社的大院里，看着父辈们一天忙忙碌碌地，然后就在报纸上看他们写的事件和故事。应该说，穆青和冯健写的焦裕禄，对我的影响很大。

那时每到周日上午，父亲会考我们一周的新闻。所以楼下的孩子周日会拿着报纸，嚷着要告诉我们重大事件，这也成了当时我们院的一景。

下午则是带着我和哥哥、弟弟远足，看着玉渊潭公园的春夏秋冬，蝌蚪变成青蛙，树叶从嫩芽到满地金黄。

虽然这样的周末并不是很多，因为父亲也常常出差，但是这对我日后能以记者特别是环保记者的身份融入社会，起到了至关重要的作用。

所以，当我看到那两位学者写的书时，除了敬佩他们的学识和调查视角以外，也督促自己会以不同的方式记录在农村经历的故事。同时，觉得这就是中国的多样性，中国既在"梁庄"，又在"涌泉庄"。

高明勇： 在城市工作生活多年，一下子在农村扎根，最大的不适应是什么？

汪永晨： 我去过世界上很多国家，如果说，中国和世界各地有什么不同，一方面是文化的多样性与丰富性，另一方面是对文化价值判断的缺失，这些都让我反复咀嚼：今天的中国就是中国吗？

如果说最不适应的，是孩子甚至小姑娘们满嘴脏话，家长们熟视无睹。

还有，如果不喜欢一个人，在城里，你可以躲他远远的。但在村里，你还得和他朝夕相处，躲也躲不开，无法做到眼不见为净。

最不适应的还包括过去做节目，今天采访了明天就可以播出，是这样一种节奏。在村子里，你想干一件事儿，人家满嘴答应，但离这件事儿办成真可谓遥遥无期。被磨炼的性格，不知道是处世哲学的长进还是倒退。

高明勇： 我看书中有好多涌泉庄的孩子参与公益活动的照片，应该是有意鼓励引导这些孩子参与的吧？

汪永晨： 有一个过程。有时我会比较沮丧，我用了一年多的时间在村子里和孩子们"斡旋"，改变他们的习惯，增长他们的知识，提高他们的素质，而成效并不显著。

好在后来终于把孩子们组织起来成立了一支环保小卫士的队伍，这是我的天性、能力与习惯，一开始并没有想到。但是孩子们的成长倒使我经历了一个从环保的倡导者、影响者到教育者的转变。

所以，从今年年初的寒假我才开始把视线放到全县的孩子中。让全县更为广泛的人群参加是我的"野心"，希望影响全县孩子有了可能。

高明勇： 涌泉庄"空心化"问题突出吗？年轻人参与得多不多？

汪永晨： "空心化"的现象在蔚县不是特别明显，因为多数妇女生了孩子以后就在家里全职照顾，女人外出打工的并不太多。

但是，也有另一种现象，就是女人的攀高枝改嫁，孩子留给男人及爷爷奶奶，这种现象极为普遍。这和城市里离婚时，好多女人一定要争夺孩子的现象有着很大的不同。

当地女性的这种心态，属于人性的问题还是社会现象，是我希望继续深入关注的话题。

高明勇： 如果把涌泉庄当作乡村振兴的一个实验室，您认为您的"介入"给当地带来的最大改变是什么？您希望带来的最大改变是什么？

汪永晨： "公益、募捐、慈善，我不关心！" 这是2021 年过年灯会上我听到的一句话。

2022 年大年初三，我做了一个小实验，带着村里四个环保小卫士在县领导召开的会上义卖我写的书和文创产品，卖了一万六千元。为此，第一本《涌泉庄的故事》我加印了五千册，第二本直接印刷了一万册。

对于孩子们来说，我给他们讲的采访世界各地的经历，给他们打开了一扇窗户，我想这对他们的未来成长是有积极意义的。我和他们说的，"做事要先做人""守时间、守信用""有责任感"，以及用我在村里的做事、做人来影响并感染他们。

对于村民们来说，让他们知道了这个世界上也有一些人，不是活着为了挣钱，挣钱为了活着，而是还有另外一种活法。当然，通过我们的努力，让他们增加了就业的机会，提高了增加收入的可能性。

对于官员来说，我对他们的影响，大多只是在他们的口头上，拿出实际行动的时候并不多，但是也有了一些可能。

3月8日，我从北京请了五位女性专家为全县领导培训，试图影响他们的理念和做事方法。目前又争取到一笔钱，主要是作为今后扶贫、妇女培训的资金。

此外，我也计划利用抖音制作直播节目，影响当地人改变思想观念，传承文化。

总之，是希望他们看到不同的世界。

高明勇： 王朴是您的先祖，您到涌泉庄"定居"后，对他的印象和情感有什么变化吗？

汪永晨： 在村子里的时间越长，越能体会到太姥爷的座右铭为什么是"舍得"。"大斗出、小斗进"是因为他觉得来借粮的就是穷人，应该给予帮助。

他种树是为了什么，我并没有直接听到答案。但是如今在村里，在荒野上，老树枝繁叶茂，让我慢慢地感悟到老人种树的意图，并从中吸吮着精神的营养和行动的力量。

高明勇：您如何定义自己的涌泉庄的"身份"？乡绅？新村民？

汪永晨：我给自己的定位还是涌泉庄的后代，希望家乡也能跟上时代的潮流，迈进时代新的行列。

马国川

《财经》杂志高级研究员，
"中国教育三十人论坛"
秘书长

日本现代化

道路的启示

高明勇： 在过去的几年里，你出版了"日本三部曲"，产生了很大的社会反响。我比较好奇，是什么机缘让你关注日本，为什么会写这样的书？

马国川： 这是一个"偶然事件"。2016 年夏天，我到日本的庆应大学做了四个月的访问学者。这是一所著名的私立大学，创办人是著名思想家福泽谕吉，他的头像印在现在的万元日钞上。我研读了这个人物的历史，写了一篇长文《一个国家的启蒙老师》。福泽谕吉活跃在明治维新时代，由此我对明治维新产生了浓厚的兴趣。我在媒体"界面新闻"上开了一个专栏"扶桑读史"，每天一篇，介绍明治维新时代的人物和故事。回国后，我继续写作，最后一篇写的是 1912 年明治天皇去世。

中信出版社将这些文章结集为《国家的启蒙：日本帝国崛起之源》（以下简称《国家的启蒙》）出版。我请尊敬的吴敬琏先生为该书撰写推荐语时，他提出，日本的现代化是一个曲折的过程，明治维新只是第一阶段，建议我继续写下去。在吴先生的鼓励下，我相继写了《国家的歧路：日本帝国毁灭之迷》（以下简称《国家的歧路》）和《国家的重生：日本战后腾飞之路》（以下简称《国家的重生》），于是形成了"日本三部曲"。所以，我特别感谢获得庆应大学访问学者的机会，特别感谢吴敬琏先生的启发和鼓励。

高明勇：《国家的启蒙》从 1853 年写起，《国家的重生》写到 1973 年结束，为什么选择这样两个时间点呢？

马国川：1853 年，美国准将佩里率领太平洋舰队抵达日本，日本历史将其称为"黑船来航"事件，给日本以前所未有的冲击。第二年，日本打开了国门，告别了过去那种封闭状态。因此，就像 1840 年之于中国一样，1853 年是日本近代史的起点。我从 1853 年开始写起，就是追溯日本近代史，希望找到这个国家走向现代的起点，寻找它面对新文明冲击时的思考和选择。

《国家的重生》描写的是日本战后的奋斗历程。到1968 年，日本 GDP 已经超过当时的联邦德国（西德），成为世界第二大经济体。我本想写到这里结束，但是我发现，随着经济高速发展，日本出现了各种问题，包括环保、国民心态、左翼思潮、"一亿总中流"的出现等。于是我把这些问题都写了下来，最终截止到1973 年，这一年日本告别高速增长，进入中速增长阶段。纯属巧合的是，这也是"黑船来航"的 120 周年。在我看来，经过 120 年的奋斗，日本完成了追赶型现代化。

高明勇： 阅读"日本三部曲"，一个突出感觉是，日本的现代化道路并非一帆风顺，而是充满艰难曲折，甚至犯下过"颠覆性错误"。

马国川： 你的总结非常对。"日本三部曲"的主线就是日本的现代化。自从日本打开国门之后，就开始了向现代国家的转型。明治维新的目标就是建立一个和欧美一样的先进国家，所谓"与万国并峙"。现在有一种误解，认为日本的明治维新是成功的，清王朝的戊戌变法、晚清新政是失败的。清王朝确实是失败的，但是明治维新并不是一个纯粹的、成功的现代化故事，毋宁说它是一个成败参半的现代化故事。

高明勇： 这个观点倒是有些与众不同。看历史，其实就是这样，所谓成败，一个是看对谁而言，参照系不同，结果必然不同。另一个是看问题的时间周期，更长远的时段看，评判结果也会发生很大变化。

马国川： 是的，从日本本国角度看，从经济、军事等角度来看，明治维新是成功的。它逐渐实现了从农业国家向工业国家的转型，国家实力大增，达到了"富国强兵"的目标，打败了庞然大物的清王朝，而且在 1890年实施宪法，实现了君主立宪，成为东亚第一个宪政国家。但是，日本的政治体制有许多问题，教育以培养服从天皇和国家的"臣民"为己任，思想启蒙不彻底，到明治后期国粹主义、民族主义和军国主义思想盛行，就连主张对内民权的政党也鼓吹对外侵略。从 1894 年到

1904 年，日本作为一个新兴国家竟然对外发动了两场战争（甲午战争、日俄战争），这并不是偶然的。因此，在明治天皇去世时，一方面跻身世界列强之列，实现了明治维新的目标。但另一方面，这个国家内部贫富分化、民权不彰、思想"蒙启"，社会矛盾激化。日本再次面临"国家向何处去"的考验。

高明勇：明治天皇之后，日本迎来了大正时代。从《国家的歧路》这本书看，在大正时代开始的时候，日本似乎还是很有希望的。

马国川：确实如此，日本历史学家把大正时代称为"大正民主时代"，因为民智已开，社会活跃度极大增强，于是发生了两次护宪运动，政党组织发展成熟，建立了政党内阁制，普选制度也实行了，民众的权利得到了大大的扩展。在对外关系上，日本对外实行协调外交，努力融入世界主流，参加"国联"并成为四大常任理事国之一。所以，许多人认为，当时的日本非常有活力、有希望。

遗憾的是，日本的政治体制改革滞后于现实。虽然民权扩展，但是明治宪法没有修改，社会进步没有得到宪法保障，国家制定治安维持法来打压民众的政治权利。在政党政治建设过程中，"肉桶政治"等腐败现象也出现了。更重要的是，右翼思想一直是暗潮涌动。在国际关系上，对外强硬的思想主张一直存在，宣扬万世一系的天皇主权制是世界最优秀的"国体"，蔑视、敌视欧美国家。

高明勇：看来，在二十世纪二十年代日本面临多种选择，并不是只有一条路。那么，为什么日本会走向自我毁灭的歧路呢？

马国川：我认为，除了日本国内的问题外，1929 年的"大萧条"是一个重要原因。"大萧条"的影响是世界性的，这时日本已经进入昭和时代，整个国家在大萧条的冲击下陷入困境，尤其是在东北的农村地区，农民生活困苦难言，甚至有些人家被迫出卖女儿（到大城市的妓院去）。经济打击刺激了国内矛盾，尤其是那些中下级的青年军官，不肯装作看不见现实的苦难。相反，他们满怀激情地要救国家、救国民，打着"昭和维新"

的旗号，呼吁国家改造运动，然而他们选择的是法西斯道路。从杀害犬养毅首相的"五一五事件"，到杀害众多内阁大臣的"二二六事变"，都是这些军人制造的，结果政党政治被中断，军部掌握了整个国家的权力，日本成为一个法西斯国家。

他们的逻辑是这样的：国家之所以有如此苦难，是因为政党腐败造成的，政党政治不适合日本，必须打倒政党和政治家，让天皇亲政，在天皇的领导下，向外占领"生存空间"，唯有这样国家才有救。如果仔细品味的话，这些人的逻辑和希特勒的没有什么区别。

高明勇： 你把 1853 年到 1945 年战败的日本称为"现代化第一波"，将近一百年、几代人为之奋斗的现代化，结果却以失败告终，令人不胜唏嘘。

马国川： 日本的历史证明，现代化绝不会是一帆风顺的，必须怀抱战战兢兢、戒慎戒惧的心态，每一步都要认真对待。特别是在历史关头，如果一招不慎，现代化进程就会受到影响，甚至完全有可能中断。

高明勇： 日本的"现代化第二波"要顺利得多。战败后，日本仅仅用了 20 多年时间，就在满目疮痍的战争废墟上建立起世界第二大经济体。"现代化第一波"由盛而衰，"现代化第二波"由衰而盛，其中的秘密是什么？

马国川： 我认为，秘密就在日本的宪法里。在第一波现代化过程中，日本把国家、天皇作为最高价值，最终走上了一条自我毁灭的歧路。1890 年实施的明治宪法规定，"大日本帝国"是由万世一系之天皇统治的国家，主权属于天皇，民众都是天皇的"臣民"，有限的权利也是天皇恩赐的，随时可以被剥夺。

在第二波现代化过程中，日本校准历史航向，彻底改变政治体制和经济体制，不再强调国家利益，而是把民众的利益作为最高原则。1946 年的《日本国宪法》规定，天皇只是国家的象征，国家主权属于国民，国民享有的一切基本人权是不可侵犯的永久权利。国民才是主人，一切都应该以国民的福祉为重。日本通过对现代核心价值观的认同，全面革新国家制度，顺利完成了第二波现代化，成为亚洲第一个现代化国家。

《财经》杂志总编辑王波明先生对这个问题有更深刻的思考。他在为《国家的重生》一书所写的序言里指出，战后日本成功的关键是通过一系列改革，建立了包容性政治制度和包容性经济制度，"为此后的经济起飞奠定了坚实基础。在经济高速发展的过程中，包容性制度化解了各种利益冲突，让大众能够普遍分享经济发展的成果，也让利益受损者得到了合理的补偿。反之，由于社会矛盾被吸纳和化解，经济发展的可持续性也得到保障。"他还指出，"纵观世界，成功国家虽然是少数，但是从过去 70 多年的历史来看，通过建立包容性制度而走向成功的国家在逐渐增多。……在这个意义上，包容性制度是世界的潮流。"

生活人文化，
人文生活化

陈昌凤

清华大学新闻传播学院教授

李凌

复旦大学
马克思主义研究院副研究员

警惕算法隐藏的

权力关系

高明勇：赫拉利在《未来简史》中宣称"大部分的科学机构都已经改信了数据主义"，您也曾提出："大数据正以空前的速度和规模渗透到人类社会生活的方方面面，在一定程度上它逐步改变着人们观察、认识、思考乃至生存与发展的方式。"请问什么是数据主义？数据主义是如何产生的？

陈昌凤：大数据、智能算法等技术催生了新的哲学思潮，数据主义的观念和思维日益成为一种流行的意识形态。数据主义作为一种社会思潮，主要包括以下观点。

一是笃信数据更加真实、准确、客观和可靠，更值得人们信任。最早提出"数据主义"概念的《纽约时报》专栏作家布鲁克斯就明确宣称："数据是透明可靠的滤镜，帮助我们过滤掉情感主义和意识形态。"

二是主张一种算法世界观。数据主义将整个世界，包括人的生命都视为各种算法计算的结果，正是在这个意义上，赫拉利认为人类将赋予算法权力，这样才能做出更加科学、理性当然也就更加正确的决定。

三是主张信息自由是最高的善。数据主义的支持者认为，我们要创造一个更美好的世界，关键就在于生产数据、连接数据，并且给数据以自由。

数据主义的流行，与人工智能等信息技术在经济社会等各个领域取得的巨大成功密不可分，但从更深层次的原因来看，数据主义是与互联网平台经济发展的生产结构相适应的价值观念，体现了互联网平台经济发展的话语和意识形态需要。

按照数字经济研究学者范戴克的观察研究，互联网平台主要通过数据化、商品化、选择性这三种核心机制来构建自身的数字化生态系统，其中，"数据化一切"

是前提，商品化是目的，而用户的选择性则是实现商品化的途径。这三种机制推动了互联网平台的发展，也促成了数据主义思想的发展，并且通过自我论证进一步强化了数据主义的合理性和正确性，加剧了人们对"数据化一切"的推崇和信仰。

从互联网平台的视角而言，只有万物皆媒介、皆数据、皆算法，才能利用算法技术服务于这个世界，最终实现商品化目标。

李凌：数据主义在本质上是数字资本主义的意识形态。从表象上看，企图最大化的是数据，但实质上是资本。数字资本主义之所以热衷于将人和万物数据化并推崇数据最大化，就是因为只有将人和万物都数据化、算法化了，数字资本主义才能在对数据的利用、开发过程中，实现数据价值的最大化，当然也就是资本的最大化。对于数字资本主义及其意识形态数据主义而言，人和万物不仅应该被视为数据，而且必须被数据化。

高明勇：数据主义对整个社会产生了什么样的影响，如果进一步发展，将会对人类社会构成哪些挑战？

陈昌凤： 我们可以看到，数据主义对于互联网平台经济的发展起到了重要的推动作用，数据主义成为支持企业创造价值的一种观念。对于企业而言，"数据最大化"和"信息创造价值"符合工具理性，也有助于他们拓展市场、服务社会并获得收益。

不过，数据主义所倡导的无条件推崇数据最大化的思维方式，也存在着很大的片面性和局限性。就正如近年来"大数据杀熟""外卖骑手被困在系统里"等算法伦理问题所揭示的，数据主义不仅导向了算法对社会规则和生态的重构，还存在着侵犯个体尊严、自由和破坏社会公正等伦理风险，可能危及人的主体性。

以前我们常常乐观地说，互联网技术的赋能极大地拓展了人类自由，让我们能够享受到更便捷的服务，但是现在来看，技术应用的负面效应正在出现。由于我们越来越离不开各种互联网平台，人们只有依附于这些芒德福所言的"巨型机器"，才能言说和行动，才能获得价值和意义，我们很难说更自由、更强大了。

数据主义者的眼里只有数据算法而没有人，他们将作为人类认识和行动结果的数据、算法颠倒为起决定作用和支配地位的"主体"，真正的人类主体则沦为被算法塑造和支配的客体，被置于工具化、从属性的地位。

算法背后隐藏着复杂的权力关系。表面上看是算法拥有了权力，人们被算法支配和控制，但实质上是被研发、设计和掌握算法平台的人所支配和控制。谁控制了平台，谁就掌握了数据；谁拥有了先进技术，谁就拥有更大的权力。如果一切都相信数据和算法，人将会陷入"算法囚笼"之中。

在这个意义上，数据主义及其所倡导的"数据最大化"与"信息自由至善"，走向了价值理性和工具理性的二元对立，既与人文主义这一人类所有价值观底线相对立，又是现实虚无主义的产物，值得我们警惕。

李凌：数据主义以"记录、上传、分享"为口号，正在创造一种独特的数字景观——互联网上的免费劳动。芸芸大众成为资本主义生产的免费劳动力却不自知。

我们在互联网指点江山，为了获取关注主动曝光、自我展示，忙于生产内容乐此不疲，这些免费劳动都被互联网平台转化为数据化的生产资料，投入算法的优化和服务当中。数据主义巧妙地将这种利用用户免费生产数据的做法隐藏在"参与""分享"等概念之中，让用户产生了自我实现和自我解放的错觉——我并没有被剥削，而是通过主动积极地参与来发展展示自我。

正如韩裔德国哲学家韩炳哲所说，"作为新自由主义自我技术的永恒自我优化，不过是一种有效的统治和剥削方式。"数据主义通过自我参与等概念，对数字资本主义的合理性进行了有力的辩护，借此掩盖了数字化生产过程的很多问题和矛盾，让公众处于不利地位，甚至连个人隐私、经济权益受到侵犯都不自知。这是数据主义的欺骗性所在，值得我们关注和进一步研究。

高明勇：有观点认为，21 世纪将会是由算法主导的世纪。这种趋势，会不会在某个时间节点产生"逆转"？

陈昌凤：人类总是不遗余力地按照自己的需求主动开发新技术，这是人类构建现实的方式与过程。最近 20 年以来，媒介化已经成为与城市化、全球化和个体化等相提并论的高度现代性的重大变革，其趋势和过程都是难以逆转的。

在媒介化过程中，数据与算法起到了基础性的作用。微软、苹果、元宇宙等通过构建有形的通信系统、无形的通信协议、可见的接口界面以及隐形的平台算法等信息基础设施，主导了日常数字活动和全球经济。

作为最前沿信息技术的集大成者，元宇宙可以说是当下最热门的话题。如果说工业革命解放了人类的手和脚，人工智能解放了人类的大脑，元宇宙则通过深度媒介化，朝着解放人类一切需求和愿望的方向迈进。在元宇宙技术所建构的虚拟现实之中，人类可以发挥最大可能的想象力来建造它，它也可以最大程度地满足人类的需求和愿望，甚至可以使人无处不在、永远在场、永远"活着"。

不过，这个过程到底是以算法为代表的信息技术驯化、主导人，还是人驯化、主导各种技术，则在很大程度上取决于人类自己的理解和行动，如何在算法自动化运行中保持人的独特性，如何维护个体的自由和整体的安全？诸如此类的问题，都需要我们坚守与弘扬以人为本的价值观。

高明勇： 算法在诞生之初，很多人是欣然接受并乐在其中的，但后来出现"大数据杀熟""外卖骑手被困在系统里""个人隐私保护"等现象，越来越多的人开始抵制算法，拒绝成为"算法囚徒"。为什么短短几年，人们对算法的认识发生了这么大的转变？

陈昌凤： 人们往往会在技术应用的初期，为其全新功能给人类生活带来的正面效益所惊喜，再加上资本主导下的互联网企业为了扩大用户基数而采取的免费或者高补贴战略、口碑营销方式和庞大宣传攻势，公众和舆论可能倾向于赞美和"拥抱"这一新兴技术。

但随着人工智能、大数据等信息技术的深度应用，特别是在人与算法机器的频繁交互过程中，新技术引发的争议性问题日益凸显，对人们的现实利益和个人权利产生了负面影响，则会引发人们对于技术逻辑本身存在的伦理风险的担忧。

我和李凌主编的《算法人文主义：公众智能价值观与科技向善》收录了我们"智能时代信息价值观引领研究"项目组对 2020 年度与智能技术密切相关的十大热点舆情事件的价值观指向报告，从应然和实然的角度，分析了公众（主要是微博用户）的智能技术价值取向。

　　这十大热点舆情事件，既包括你所说的"大数据杀熟""外卖骑手困在算法里""APP 违规搜集个人隐私"，还包括"中国人脸识别第一案""人工智能换脸""老人健康码使用困境""无人驾驶汽车试运营"等热点事件。

　　报告通过采集分析微博用户的舆情数据显示，公众对于智能技术应用引发的价值争议和伦理风险开始觉醒。围绕 2020 年智能技术应用的十大热点舆情事件，微博用户对人类尊严、人类自主、公平、透明、个人信息保护、安全、责任和可持续发展等价值维度都表现了一定的关切，特别是对关涉自身利益和权利的智能技术应用，表现了较高的关注和价值期盼。在热度上，"多款违法违规收集个人信息 APP 被处罚"事件最受舆论关注，很多网友都明确提出保护个人隐私的诉求。在责任价值方面，微博用户要求政府相关部门解决智能技术伦理争议的呼声较高，体现了较高的期盼。

　　不过，微博用户对智能技术的价值和伦理探讨更多集中在工具价值层面，体现了一定的功利主义和实用主义的倾向，而忽略了目的价值层面，对涉及人类社会文明的底线价值如人类尊严、自主性、自由等价值关注不够。

报告还显示，相比于公共性议题，当智能技术应用涉及娱乐领域，尤其是流量明星时，微博用户的关注度更高。例如在社交机器人账号对舆论生态影响的这一议题中，肖战粉丝辟谣事件的热度远远高于外交部指责美方利用机器人账号散播谣言事件的热度；在人工智能换脸这一议题中，影视明星换脸等娱乐事件，比人工智能换脸引发新型诈骗的热度更高，说明公众智能信息价值观呈现出一定的娱乐化倾向。

李凌： 公众对算法应用从欣然接受到如今的批判，由"粉"转"路"甚至转"黑"的过程，体现了公众对智能技术应用的社会选择。技术的发展演变有其自身逻辑和客观规律，但是人们的主观意志和价值取向，在技术选择和演变过程中起到了重要作用。

按照技术的社会塑造理论，技术的发展演变是政府、市场、科技工作者、公众互动、协商和博弈的结果，"发明某物只是意味着给社会提供一种可能性，社会才决定这种可能性是否值得实现。"其中，市场和用户是技术社会选择的重要因素。无论是工程师还是资本家，他们对技术研发设计路径的选择，都要在一定程度上反映用户的选择，接受选择的检验。很多互联网产品的研发，都不再是一次性研发的结果，而是一个快速更新迭代的过程，是产品经理、工程师与用户多次互动、协商、反馈而协同共建的产品。

正因为如此，互联网平台应当重视公众对智能技术应用的价值取向和伦理态度，主动自觉地将以人为本、尊重人的尊严、保护和增进个体自由、维护社会公正、增进人类福祉、促进可持续发展等价值维度纳入智能技术的研发、设计之中，推动算法善用。

高明勇： 2022 年两会上，有人提到"算法歧视""算法统治""消费者有权不被算法'算计'"，也有人说"用算法给政策装上'飞毛腿'"。对这类观点，您持何种看法？

陈昌凤： 在两会参政议政平台上，人大代表、政协委员关注算法应用产生的价值和伦理问题，提出算法善治的相关议案提案，有利于提高政府高层、市场和社会公众对算法应用伦理风险的关注和重视，凝聚最广泛的价值共识，推动算法伦理治理。你刚才提到的这些观点，既有正面的，比如用算法给政策执行装上"飞毛腿"，从"人找政策"转变为"政策找人"，实现精准定向施策，增强人民群众的获得感和幸福感，也有批评的，比如说消费者有权不被算法"算计"，充分体现了社会对算法应用的正向期盼。

《算法人文主义：公众智能价值观与科技向善》收录了一些互联网平台算法善用的案例，充分说明了算法善用在技术上的可行性和实现路径。

例如尽管人脸识别技术的商业化受到很多质疑，但是将人脸识别技术应用到社会公益领域，例如走失儿童找回、两岸寻亲等项目，却是充满正向价值的应用，不仅不会受到批评，反而会受到鼓励和支持。又例如，针对算法歧视问题，很多算法工程师探索研发了更具公平性、透明性、可解释性和可审计的算法技术，甚至想方设法将公平的价值理念编码到算法中。

李凌：人大代表、政协委员围绕算法技术应用的呼吁，说明了算法技术发展路线的选择应该是有所为、有所不为。

新兴技术成熟度曲线报告每年都会发布并分析新兴技术发展趋势，市场上每年都会涌现各种新兴技术解决方案，但并非所有技术都值得推崇和发展。我们建议，在算法技术发展路线的选择上，应当充分考虑技术在公共性和个体性、实用性和价值性等方面的取舍。

例如在公共性与个体性方面，信息技术发展的个体化趋势很明显，出于商业化的考虑，互联网企业更倾向于发展诸如个性化推荐算法等个体化技术，这样更有利于企业赢得用户、赚取利润，但是也在一定程度上导致信息茧房、群体极化等价值问题。

相对于个体化技术，我们更应该推动主流媒体在选择算法技术发展路线时，将技术的公共性、大众化和服务性放在首位，致力于通过媒体融合技术创新凝聚社会共识、增强公众共同行动能力。

高明勇：面对无处不在的算法，如何为其戴上"紧箍咒"？

陈昌凤：我们倡导算法善用，并不是要给算法戴上"紧箍咒"，限制它的发展壮大，而是恰恰相反，要通过倡导算法善用，构建算法善治的体制机制，进一步发挥算法技术的正向价值，使其更好地服务人类，扩展人类自由，增进人类社会整体福祉。因此毋宁说是要给算法插上一对价值的翅膀，使其飞得更稳更高更远。

算法善用的实现，应当是多元主体参与的算法伦理治理过程。今年年初，党中央、国务院颁发《关于加强科技伦理治理的意见》，提出"伦理先行、依法依规、敏捷治理、立足国情、开放合作"等五项治理要求，"增进人类福祉、尊重生命权利、坚持公平公正、合理控制风险、保持公开透明"等五项伦理原则，以及"健全治理体制、强化治理制度保障、强化审查和监管、深入开展教育宣传"四方面重点任务，确立了我国科技伦理治理的指导思想和体制机制，应该说也为算法伦理治理提供了基本遵循。

具体到互联网企业层面，应当从价值理念、制度机制、技术路径等层面将算法善用的价值原则细化落实。

在价值理念层面，应当树立算法善用的价值追求，将尊重人的尊严和自主性、安全、公平、可持续发展等价值原则作为企业行为的底线，并且通过培训教育培育产品设计人员和技术开发人员的伦理自觉。

在制度机制层面，应当吸纳用户代表、人文社科学者的参与，设置算法伦理委员会，制定与算法善用有关的制度，建立价值把关、风险评估、责任追究和奖惩、培训教育等机制，将算法善用的正向价值融入技术产品研发和应用的整个生命周期。

在技术路径层面，通过价值敏感性设计等某些设计伦理方法，将人们优先支持和主张的价值理念进行编码设计，嵌入算法系统之中。

李凌：刚才陈院长说到的价值敏感性设计的技术路径，已经成为部分互联网公司进行算法善用的重要路径。这项工作主要通过人文与科学对话、互联网企业与公众对话的合作机制来实现。人文社科研究者或者社会公众、用户提出价值诉求和价值澄清，产品经理、算法工程师则设法将价值编码植入智能算法系统中。

在这个过程中，对植入算法系统的价值观念的设想、甄别、评估和实现都至关重要，既需要充分地调查研究，对值得编码的价值观念提供经验数据支撑和论证，又需要适当的想象，充分考虑技术可能涉及的场景和利益相关者，进而综合推导出应该将哪些价值规范纳入技术体系。

高明勇：您提到"算法人文主义倡导的'以人为本'，只是从最底线意义而言的'以人为本'"，在您的理想中，算法的"江湖"，应该有哪些"规矩"？

陈昌凤：我们将"以人为本"作为智能技术价值观的核心理念，强调在智能技术研发和应用的整个周期中要尊重人的生命、尊严、情感、意志、本能的意义、价值和权利，在"算法与人的关系"方面坚持"以人为本"，坚持智能技术发展的价值追求是促进人的自由全面发展和增进人类福祉。

围绕"以人为本"的核心理念，我们为算法善用提出了尊重人类尊严、尊重人类自主、公平、透明、保护个人信息、安全、责任、真实和可持续发展等九项价值原则。

一是尊重人类尊严。确保算法系统为人类服务，符合人类的价值观和整体利益；而不应将人工智能用于控制人类行为、取代或者削弱人的地位，甚至对抗、伤害人类。

二是尊重人类自主。人应该始终作为目的而存在，意味着算法系统，特别是自动化决策算法不能干涉、破坏人的自主性，将人异化为工具和手段。

三是公平。算法的研发和应用，应当维护和促进程序公平、机会公平、互动公平以及结果公平。

四是透明。保证算法系统具有可追溯性、可访问性、可理解性。

五是保护个人信息。特别是个人生物识别信息、健康信息等隐私信息。

六是安全。保证算法系统不能侵犯人类身心健康和生命安全，不会危及和破坏人类生存安全。

七是责任。既包括对法律责任的履行，又包括对道德责任的担当。

八是真实。算法系统应当确保信息和程序的真实准确可靠。

九是可持续发展。算法系统的研发、设计和应用要协调好人与人、人与自然的关系，实现人与科技、社会、环境的协同发展，促进人类整体福祉。

我们倡导算法要以人为本，但也拒斥人类中心主义的思维方式。在人的现代性存在中，算法不是与人相对立的对象化、工具性力量，而是内置于人的主体性之中、与人的存在和发展休戚相关的存在方式，是人们延展身体尤其是智能的重要维度。

一方面，在现代社会，人们越来越需要通过算法的维度而存在，人的存在已经算法化；另一方面，算法只是人类存在的数字化维度，而并不是全部所有，在与人的共存之中，算法应当有助于维护人的主体性，而不是寻求对人的替代、控制甚至毁灭。

李凌：智能算法的研发和应用，必须要有人的"在场""陪伴"和负责任的"操作"。人的"在场"和"陪伴"尤其重要，智能算法应用出现的很多问题，都在于人的缺位，而且不是被动的缺位，而是人们主动寻求以智能算法替代人、控制人。智能算法浮现的地方，人和人性都消失了。

智能算法寻求对人的替代和控制，在现行社会结构和技术条件下，并不是智能算法的自主行为，而体现的是掌控和研发智能算法背后的少数人，即政治家、资本家的自主性和自我意志。在资本主义的生产方式下，资本家积极主动地研发设计智能算法系统替代、引导人们的劳动实践，在一定程度上的确提升了人、解放了人，但其根本目标仍在于生产剩余价值，从而实现资本的最大化。

放任智能算法部分或者全部代替人类，就好像让脱缰的公牛闯入瓷器店。人类驯化各种动物，并将之为人所用，但是在使用过程中，人们并不会放任它们的行动，而是通过缰绳、皮鞭进行引导规训。

同样的道理，人类创造了智能算法，将之应用到日常工作、学习和生活，就不能疏于照看和引导。特别是在算法自动化决策或运行中，在与公共产品分配有关的决策、管理和执法中，人必须在场和陪伴，照看或监督算法的运行。

高明勇：推动"算法向善"，在实践过程中会面临哪些障碍？如何克服？

陈昌凤： 在数据和算法塑造的互联网社会结构之中，个体并不是如有些企业所宣称的那样自主和平等。在算法形塑的社会结构中，隐藏着管理者、平台、数据贡献者与使用者等多元主体。数据源自哪里、由谁掌控、由谁过滤、由谁使用以及如何掌控、如何过滤、如何使用，都决定着算法权力的结构。

推动算法善用和善治，应当在开放伦理的指导下，鼓励全社会共同参与，促进各主体的对话，将用户纳入算法研发、设计和使用过程当中，在价值原则的制定、伦理判断、伦理抉择以及信息公开等所有实施算法透明度的环节，都要考虑多元主体的认知、态度与需求，力图形成重叠的共识。

李凌： 算法应用引发的价值和伦理争议，已经引起了公众和学者对算法伦理的重视，但是相关讨论和改进仍然局限在一定的范式与有限的范围内，期待有更多元主体以更加开阔的视野参与进来。

一方面，对算法伦理风险的主流探讨，让人局限在数据主义框架之内，这尤其体现在算法科学家、工程师对算法伦理风险的解决思路上，仍然以人和世界的可计算性作为前提，诸如负责任的创新和研究等理念，仍然是技术进路的解决思路，很难逃脱"按下葫芦浮起瓢"的困境。对算法应用的反思，亟待跳出就技术论技术的维度，而要站在人类生存与发展的高度和视野，有更加深刻当然也更有建设性、操作性的批判和思考。

另一方面，对算法伦理风险的批判和思考，需要政府、企业、专家和公众在对话、协商基础上形成价值共识并将这些共识制度化、法治化。其中算法工程师的主导和参与尤其重要，作为算法的创造者和执行者，他们的价值观念和行动，最终决定了算法人文主义的价值理念能否成为现实。

高明勇：您注意到，为了跟踪人类行为的信息，企业和政府机构深入挖掘通过社交媒体和通信平台收集的大量元数据（meta data）。当众人天真地或无意地将他们的个人信息信任给了企业平台时，企业平台应该怎样做，才能"匹配"人们对它的信任？

陈昌凤：如今，从社交平台到搜索引擎和浏览器，从身份识别服务到数据服务器与云计算，从支付系统到应用程序商店，从电子邮件到即时消息，从视频共享网站到地图导航等许多服务，都是由大型平台控制的，这些大型平台正在转变为必不可少的基础设施，并打造出一个全球的或区域的信息生态系统，它们通过为用户提供便利，来换取对用户数据的控制权。

用户处在一个交互的可编程结构之中。用户的点击、发布和互动的数据，连同其兴趣、偏好、朋友关系、地理位置、手机型号、网络状况，以及用户自愿贡献的生日、家庭、受教育程度等基本数据，都会被生成、存储、自动分析和处理。隐私于是演变成了"明私"，隐私在商品化机制下被营销。

互联网平台应当强化自身的社会责任，树立透明、公平、尊重的价值观，在使用个人数据做出决策时，要给予用户知晓权，保持应有的透明性，让用户知悉所做决策是基于什么做出的。在社会治理方面要重视数据时代的隐私保护，并通过适当的伦理与法律保护个人的隐私。

李凌：当下个人信息尤其是隐私保护技术的基本逻辑是"为利用而保护""可用不可见"，隐私信息可用的工具价值被凸显，保护人格尊严等内在的价值反被忽视；隐私主体与隐私保护主体发生分离，因此并不能保证隐私安全，这是数字时代隐私保护技术发展的根本困境。

我们需要发展的是诸如联邦学习算法、区块链等更具有切己性和具身化的技术，让隐私保护从离身转向具身，从积极控制转向消极防御，从中心化转向分布式。

只有当隐私主体能够对隐私表达出"既可用又可见"的关切，而不是由作为第三方的互联网平台对隐私进行"可用而不可见"的保护时，我们才能对自身隐私进行具身化的有效保护。

赵振宇

华中科技大学二级教授，
原华中科技大学新闻评论
研究中心主任

调查研究就是要

识破虚假和伪装

高明勇： 2023 年 3 月，中共中央办公厅印发了《关于在全党大兴调查研究的工作方案》，提到"听真话、察实情，坚持真理、修正错误，有一是一、有二是二，既报喜又报忧，不唯书、不唯上、只唯实"。这让我想到您新近出版的《讲好真话》和《重思新闻评论和评论特色教育》一书，里面也谈到讲真话。其实，日常生活中大家经常感叹"讲真话很难""听到真话很难"，您认为主要"难"在哪?

赵振宇： 2012 年 12 月党的十八大召开后，中央八项规定出台，其中第一条就是要改进调查研究。十年过去了，在党的二十大召开后的今天，中央又专门发出大兴调查研究的文件，说明问题的严重性，同时也表明我们党对调查研究的高度重视。您刚才说的这段话强调的就是一个意思：实事求是。中央党校的校门口还有一个刻有"实事求是"的石碑，其校训也正是这四个字。方汉奇先生曾为我的《讲好真话》一书题词：彻底的唯物主义者是无所畏惧的。方先生的题词引用的是毛泽东1957年《在中国共产党全国宣传工作会议上的讲话》中的话。毛泽东在会上说："彻底的唯物主义者是无所畏惧的，我们希望一切同我们共同奋斗的人能够勇敢地负起责任，克服困难，不要怕挫折，不要怕有人议论讥笑，也不要怕向我们共产党人批评建议。'舍得一身剐，敢把皇帝拉下马'，我们在为社会主义共产主义而斗争的时候，必须有这种大无畏的精神。在共产党人方面，我们要给这些合作者创造有利的条件。"从毛泽东到方汉奇，他们强调的都是"彻底"，"不要怕挫折，不要怕有人议论讥笑……"，讲真话确实是一件十分困难的事情。人们能够正确地反映客观世界，要受到主客观各方面的因素影响。这次中央大兴调查研究之风，相信会促进政府机关和领导干部察实情，听真话，讲真话。

高明勇： 在大数据时代，政府官网成为标配，微博、微信朋友圈也成为普通市民点赞吐槽、反映问题的重要渠道，就连传统的热线电话，也有了集大成式的创新。看起来似乎了解民意的渠道已经很多，但仍要强调到基层一线去调研，您认为主要原因是什么？

赵振宇： 现代社会人们相互交流的方式和渠道有很多种，也在不断创新发展，这都很有必要。但是，唯有公职人员到一线、到现场，与民众面对面地调查交流、促膝谈心，才能获得真实可信的数据、资料、情况和感受。李强总理 2023 年 3 月 13 日在十四届全国人大一次会议记者会上说，坐在办公室碰到的都是问题，下去调研看到的全是办法，他强调的就是调查研究的重要性。

高明勇： 根据媒体报道，一些部门和地方在制定政策措施时，"拍脑袋决定"，把调研变成"走场子""抄方子"等情况仍有发生，如此出台的政策难免"砸锅"。您认为问题在哪里？

赵振宇： 能否讲真话，怎样讲好真话，是发展全过程人民民主的重要内容。众人的事情由众人商量，是人

民民主的真谛。习近平总书记指出，加强协商民主制度
建设，形成完整的制度程序和参与实践，保证人民在日
常政治生活中有广泛持续深入参与的权利。为此，我们
有必要在全体民众中提倡和奖励讲真话，学习提高讲好
真话的表达艺术和技巧；反对讲假话，批评和惩罚讲假
话。建立"又有集中又有民主，又有纪律又有自由，又
有统一意志、又有个人心情舒畅、生动活泼"良好政治
生态的舆论环境和管理体制。坚持新闻的真实性，讲真
话、道实情是新闻工作者的基本准则，媒体人应该成为
讲真话的先锋和楷模。这次党中央发文件大力开展调查
研究，如果能够真正做到，我相信"真话"将会越来越
多，渠道也会越来越通畅。

高明勇：您曾在演讲中说过，"如果说敢讲真话主
要表现的是一种勇气，那么讲好真话则关键在于理性表
达。我们不能'想到就说'，而是要'想好了再说'，
意见深思熟虑，表达有理有序，才能真正看到问题，有
利于进一步解决问题，话语的力量也才能化为社会进步
的动力。"为什么如此突出"讲好真话"？

赵振宇： 马克思曾经说过，发表意见的自由是一切自由中最神圣的，因为它是一切的基础。今天，我们不能一味鼓励"想到就说"，而是力求"想好了再说"，提倡"讲好真话"。讲真话好，讲真话难，讲好真话更需要我们大家都去努力实践：要有新闻的敏锐和理论的深刻，能在发现问题或问题端倪时快说真话；要在人们趑趄不前、嗫嚅而言时敢说真话；要在人们能说真话时说好真话；要将真话时常挂在嘴边、常说真话（谣言说了十次可能成为真话，真话不常讲也可能会成为假话）；要在讲了真话后被实践证明是不正确或错误后认账改错。

高明勇： 讲真话应该从什么地方做起呢？

赵振宇： 所谓"讲真话"就是讲心里话，讲自己对客观现实的真实反映（意见和建议），讲自己愿意讲的话，讲自己认为是正确的话。在现实生活中，"真实"常常与"虚假""伪装"相对应。"虚假"说的是与现实不符，而"伪装"则是凭借外部力量有意掩饰自己的本来面目。"讲真话"可以从以下两个方面努力——

其一，真实地反映客观现实。这里的客观指的是不依赖于人的意识而可以为意识所反映的物质世界；另外强调的是，经过实践检验，它是正确和基本正确的话。其二，公民表达的由衷之言。这句话也要作两种解读：一是人们在安全状态下的自由表达。真话不是应酬之语，不是胁迫之言，不需要装腔作势，也不能颐指气使。"由衷之言"的第二层意思是说，这个讲话可能是不正确、不全面甚至是错误的话。在现实中常有这样的误解，以为讲了真话就一定是正确的，有关方面就一定要全盘接受并付诸行动，否则就是不听真话、不让人们讲真话以至不让人讲话。

讲真话要从现在做起，从自己做起，从能够做的地方和时间做起，比如从删去我们时常看到和听到的报告、演讲和主持人的空话套话开始，讲符合当时当地情况且具有个性特征、管用的真话来。方先生的题词是对我的鞭策和鼓励，我铭记在心。

我以为，一个有良知有责任感的知识分子，应该是知识和文凭、关注和投入、批判和建设三者的完整统一。真实是新闻的生命，同时，它也应该是历史的特征。真实与完美永远是一对矛盾，绝不能为了完美而放弃真实。其实，只有真实，它才可能具有真正意义上的完美。

高明勇： 您从事评论实践、教学和研究四十年，2023 年出版的《重思新闻评论和评论特色教育》一书用重要章节谈"讲好真话"，有什么特别的含义？

赵振宇： 新闻学院培养的学生，须具备勇于担当、善于传播的社会责任和专业素质。勇于担当，说的是一种不忘初心的历史再现，是一种精神，一种勇气，一种付出；而善于传播强调的是新闻专业有别于其他学科、凸显本专业特质的科学价值，是一种方法，一种技术，一种技巧。勇于担当，才能讲真话、道实情、扬善惩恶，成为社会的瞭望者、促进者；善于传播，才能做前人和他人没有想到、做到和做好的新闻，取得更好的报道效果。

党的二十大报告提出，紧跟时代步伐，顺应实践发展，"敢于说前人没有说过的新话，敢于干前人没有干过的事情，以新的理论指导新的实践"。对于新闻学院来说，我以为这也应成为培养学生新闻专业素养的指导思想。实践是检验真理的唯一标准，而时间则评判着人们认知和实践的是非功过、真伪优劣。新闻学院特别是评论教育，当培养"有新闻人味道"的学生，做出新时代新理论指导下的新实践。

高明勇： 有人说今天不少学校的"评论教育"过时或滞后，但也有不少很好的探索，如您所在的华中科技大学的评论教育，这些好经验如何才能更好地推广？

赵振宇： 我于 1982 年（七七级）大学毕业后分配到武汉市委机关报《长江日报》工作了十九年，2001 年调入华中科技大学新闻学院后便开始了评论特色教育。当年，就与校党委宣传部共建学校新闻评论团，2005 年开办新闻评论班，2006 年成立校新闻评论研究中心，均为全国首创。近二十年时间里，我们先后与媒体、高校合作举办了七届新闻评论高层论坛、三届新闻评论教学东湖开放论坛；出版了国家"十一五"规划教材《现代新闻评论》（武汉大学出版社）、研究生教材《新闻评论研究引论》（中国人民大学出版社）、《新闻评论通论》（清华大学出版社）和《新闻评论研究与人才培养》（华中科技大学出版社）等多部著作；讲授《社会进程中的公民表达》获教育部视频精品公开课；主持《新闻评论人才培养创新体系与实践》获教育部颁发的国家级教学成果二等奖。经过多年实践探索与理论总结，率先在国内构建了包括组建新闻评论社团、开办新闻评论方向班、成立新闻评论研究中心和打造精品特色课四位一体的新闻评论人才培养的创新体系。

由复旦大学、中国人民大学、北京大学、清华大学和武汉大学的李良荣、郭庆光、陆绍阳、陈昌凤和强月新教授组成的鉴定委员会认为我们的研究成果具有以下特色和建树：一是实现了新闻评论人才培养理念的创新与拓展。意在从根本上解决以往把新闻评论作为技能进行教学的局限问题。二是实现了新闻评论人才培养体系的系统性革新。譬如，新闻评论班开设了一门主体课加八门专题课的课程体系。三是实现了新闻评论人才培养和教学研究的协同推进。四是在探索"新闻评论人才培养创新体系的构建与实施"的过程中，取得了一大批教学科研成果，培养了一大批新闻评论实践和教学人才。

我本人也入选为马克思主义理论研究和建设工程重点教材《新闻评论》首席专家。这些成绩和荣誉是政府和社会对我们工作的肯定和褒奖，同时，也说明了人们的意见表达在社会进程中的重要作用。

在新闻评论教学中认识讲真话的重要性，力求讲好真话，需要坚持民主意识、科学精神、独立品格、宽容胸怀，进行负责任、高效率的理性表达，是一项持续不断的新课题，是全过程人民民主的一个有效实践。在大学的理论课堂上，更应该教授、帮助同学们认识讲好真话，努力实践讲好真话。

高明勇：我知道您常年在武汉工作生活，我也常去武汉。因高校林立，且不少学校都开有评论课，学生们对评论的热情也很高，也出了不少优秀的评论人才，武汉可以算是"评论之城"，贵校也被媒体称为新闻评论的"黄埔军校"。您如何看待这个说法？

赵振宇：在这里，我要特别感谢媒体朋友们长期不懈地配合、支持和鼓励。人民日报、新华社、光明日报等多家中央和地方媒体朋友担任我们的特邀研究员、教授，为同学们授课；推出专版刊发同学们的评论作品，在学术刊物上发表他们的研究论文；参加我们组织的会议，为中国新闻评论的发展出谋划策；报道我们的探索与创新，引来社会人士的广泛关注和加盟。2007年起，我们与《嘉兴日报》合作实施"评论记者工作机制"，报社在学院设立奖学金资助同学们学习。

十多年前，我在接受媒体采访时就曾表达过这种愿望：由学界和业界通力合办一所中国新闻评论学院。通过短期培训或学历教育，为中国的高校和媒体培养新时代需要的新闻评论教学、研究和实践人才；开展对全国学界、业界新闻评论教学和实践动态的数据统计、调查分析，出版《中国新闻评论》刊物和年鉴；加强与世界媒体、高校新闻评论界朋友的交流与互动……盼着盼着，时间一转眼就过去了。敢问路在何方？希望有先行者能为中国新闻评论事业的发展和繁荣迈出开创性的第一步。

娄晓琪

《文明》杂志
社长兼总编辑

弱势群体的需求

是城市文明的基线

高明勇： "文化"与"文明"是人文社会科学领域的两个重要范畴，经常被人们放到一起讨论，也是一对同中有异、关系复杂的术语。对于二者的内涵和外延以及彼此间的关系，历来有不同看法，或视角有异，或立场先行，并未形成相对一致和清晰的认识。在您看来，二者之间有什么区别与联系？

娄晓琪： 文化多具有地域性、民族性和时代性，文明多具有公共性和共同价值的传承性。文明虽然淡化地理点，淡化民族性，淡化时代性，但具有共性价值。

简单说，先进文化就是文明。

任何地域性文化，都有可能创造出适合人类发展的文明成果。

高明勇：我知道您长期从事体育文化的研究，就以体育为例，谈谈"文化"与"文明"二者的关系？

娄晓琪：比如奥林匹克。奥林匹克发源于两千多年前的古希腊，现在是世界上影响力最大的体育盛会，也是文明盛会。

奥运会在世界不同的地方接力举办，虽然每届奥运会都有不同国家和时代各自的口号，但奥林匹克激励年轻人成长的真实内涵不变，奥林匹克运动让世界变得更美好是发展方向。

"激励年轻人成长"具有共性价值，通过体育运动让世界变得更美好成为奥运会永恒的价值。

另外，奥林匹克的竞赛，是有规则的竞争，突破规则，就是犯规。竞赛规则具有共性价值。

比如中国的春节。春节的逻辑是以家庭、以老人为原点，孩子们千里迢迢回到爸爸妈妈、爷爷奶奶或姥姥姥爷身边叫回家过年。

孩子们过年回家看老人、阖家团聚，这叫"规矩"。这个规矩是具有共性价值的有效体现方式。

高明勇：梁晓声在《中国文化的性格》一书中所说，社会进步的一个标志乃是阶层文化的烙印日渐式微，文化品质的一致性越来越成为大方向。进言之，即社会地位不同的人们，经济基础不同的人们，在文化方面却越来越难以分出趣味之高低；所谓"上等人士"未必同时便是文化优上者，所谓"下里巴人"未必不是"腹有诗书气自华"者。而大多数人，只要愿意，不但是文化受众，还完全可以是好文化之提供者、传播者。所以，从这个层面来说，文化似乎有好坏之分，您怎么看？

娄晓琪：从评判的视角看文化，还要考虑文化的发展阶段和成长环境，不能按照当代的认知能力，以现代环境条件评判过去文化的好坏。

文化本身是特殊历史时期、特殊环境产生的特殊历史现象记忆。

比如中国历史上的"三寸金莲"，当时的人认为"三寸金莲"是美的，但现在人认为"三寸金莲"不人性、不健康。

时代的变迁改变着人们的生活方式和认知尺度，也创造着新的文化形态。当人们生活认知的半径不断扩大，文化共同性的价值就不断提升。

互联网时代由于开放的视角与广泛动态的信息沟通，使新文化形态的形成就更具共性价值。

高明勇：当代年轻人成长在电脑、互联网和手机大量普及的时代，作为"手机控""低头族"，传统审美心理正在被互联网悄然解构，传统文化黯然褪色，渐渐失去了对年轻人的吸引力。您认为为何会出现这样的现象？

娄晓琪：年轻人的确喜欢接受更现代、更直接、有"感触"的文化，这与他们的生活节奏快、信息多元及压力大和自我体验需求有关。现代文化能满足他们"有压力的快生活（快节奏、快体验、快分享）"的需求。

打个比方，你要去饭馆吃饭，一定会选符合自己喜好的饭馆，因为对味道人们都或多或少还留存着初始记忆。同时，也会适度选择环境的匹配度。

中餐到海外，都会有不同程度的改良，成为符合当地人基本需求的当地版中餐，这样当地人可以吃到既符合自己习惯又有中华特殊风味的美食。

人，处在消费当中时，就不能单纯地谈理想。

理想是很多年轻人生活的方向与愿景，实现理想需要过程，而且理想也会在实现过程中跃迁。

高明勇：当下，做好传统文化传承保护工作，重要的影响因素在于如何激发年轻人对传统文化的热爱和对其传承弘扬的积极性。在您看来，如何让年轻人传承弘扬中华优秀传统文化？

娄晓琪：现在年轻人还是喜欢传统文化的，关键是如何让他们在现代生活节奏中感受到传统文化的温暖，有可控的穿越感与融入感，感受到孔子和老子等先贤对他们精神生活的指引。

不讲过程和努力，以理想要求现实，就是强人所难。

研究处理问题需要面对不同的环境，善于将问题放在一个动态的空间和具有共同认知的价值体系内考虑。

就好比我们吃的饭菜，如果完全按照医学标准的要求来做，就很难谈美味；如果只求美味而不谈健康，那你的身体就会出现问题。从不同中寻找体验，从相同中寻找认识。

高明勇：您在《文明》杂志工作多年，如果用一句话来介绍这本杂志，该如何表述？

娄晓琪：《文明》杂志是建立在工业级的文明工程理论体系中，以中国之中国、亚洲之中国、世界之中国为角度进行国际社会历史实践认知探索体验的前沿智库型文明交流互鉴载体与文明对话平台。

高明勇：传媒业都知道，"冰点"的开山之作是从关注北京的"厕所"开始，记得《文明》当年的成名作也是关注北京的"厕所革命"。

娄晓琪：《文明》杂志的前身首都文明工程基金会，1993 年启动的第一个文明工程课题研究暨提出首都"公厕革命"，当初就为"公厕革命"设计了文明工程复杂动态开放的科学体系支撑。

未来城市是多种群体聚合共享美好生活的地方，需要面对多元需求动态构建城市社区，科学规划城市变化发展新形态。

公厕作为城市中一个不起眼儿的基础节点组成部分，不仅要兼顾多种群体的需求，还要兼顾最低和最高的需求。关注高需求会有高回报容易做到，弱势群体的基本需求就可能成为短板和弱项，需要社会和政府主动聚焦这个城市文明的基线。

高明勇：这份杂志创立二十多年，有没有形成成熟的认识论和方法论？

娄晓琪：用文明尺度多元动态系统看世界，是《文明》杂志的"方法论"，通过多系统分析动态世界的方法，把多体系相对动态的标准用动态的方式设定为相对固定的形态标准，并通过以此形成的价值体系，发现、探索和探讨一些问题。

概括地来说有几点，一是以传承中华文明、展示世界文化为己任；二是以增强中华民族凝聚力、展示世界文明多样性为目标；三是以文明交流互鉴的文明对话方式让世界读懂有利于世界的中国故事；四是以中国人的视角诠释精彩人文世界，让中国看到精彩世界、让世界看到可爱中国。

可以用九个字描述《文明》杂志的办刊宗旨，即看文明、知中国、走世界。

高明勇：近年来，我国各种类型的智库如雨后春笋版涌现，您如何看待当下"智库热"的局面？

娄晓琪：智库是专业平台，智库是一个时代、一个区域、一个国家最有思想的人聚集的载体，他们不断认识历史、关注现实并面向未来，是面对发展问题输出形成相对完善的体系化认知和智慧解决方案的聚智地方。

别人考虑不到、考虑不清楚的事情，智库要通过科学系统分析的方法洞悉社会多元动态变化并发现问题和明晰变化趋势，建立动态追踪体系，在变化发展中提供及时的决策建议，并能对决策提供科学系统解决方案的制定和实施提供专业意见及有效建议。

决策者可以不采用智库的建议，但智库不能说自己想不到做不到，或者提供的建议没有参考价值。时代在发展、社会在进步，问题会不断地以新的或不同的形式出现。面对变化问题，建立系统认识问题和解决变化问题的动态开放复杂系统至关重要，也就是需要文明工程的方法和体系。

高明勇： 对于一个智库来说，您认为最重要的是什么？

娄晓琪： 智库要建立自己的思维与认知和构架体系。对一个问题进行多层面、多阶段动态分析，同时兼顾中外发展的现状，说清楚目前面临的问题、问题是否能够解决并分清优先级，优先解决重要问题。

总而言之，智库需要具备以下几点。

第一，与政府及机构建立互信的系统，同时构建动态多元系统和时代发展变化科学体系；

第二，要从国家、区域和城市社会生活的细节发现社会发展面临基本问题的能力；

第三，有能力从中国、亚洲和世界三个维度动态变化中发现问题，提出解决方案。

李少义

政邦智库高级研究员，
联合国环境署国际资源专家
委员会秘书处前主任

智库要有

核心价值和明确定位

高明勇：我知道您关注能源与气候变化多年，通俗说，什么是"双碳"？提出"双碳"目标的意义何在？

李少义：2020年9月22日，习近平主席在第七十五届联合国大会一般性辩论上发表讲话，宣布中国将提高国家自主贡献力度，二氧化碳排放力争于2030年前达到峰值，努力争取2060年前实现碳中和。从此，"双碳"成为新时期我国经济社会发展的国策，体现在一系列国家计划和规划、方针政策当中。各行各业以及社会方方面面都动员起来，在生产和生活中对标"双碳"，加快实施应对气候变化的行动。

由于"双碳"目标是在联合国大会上宣布的，许多人强调它彰显了中国在应对全球气候变化挑战的大国担当。这是对的，但并不全面。实现"双碳"目标首先是我国新时期高质量发展的必然要求和重要内涵。它必将推进我国发展方式转变，激活诸多内生发展新动能，催生理念创新、科技创新、制度创新。所以说，"双碳"是一场深刻的社会革命，是我们必须要做的。

在国际层面，"双碳"目标的提出在世界上引起极大反响和高度重视。联合国和其他国际组织以及主要国家政府都纷纷表示赞赏。许多国家也宣布了各自的碳中和目标。截止到2022年年底，全球已有140多个国家作出碳中和承诺。我国主动宣布自己的"双碳"目标充分显示，中国是全球气候治理的积极参与者和重要引领者。

实现"双碳"目标当然是中国对减缓和应对全球气候变化的重大贡献。同时还应看到，"地球村"里既有守法户，还有村霸、"牛二"等无赖；全球气候变化谈判内外既有合作，也有"雷区"、陷阱。西方发达国家企图通过强加超出我国现阶段发展能力的"新承诺"，改变我国发展中国家地位，使我们成为"捐助国"，通过设立边界碳排放调节税、转嫁减排成本等一系列做法加重我们的负担，逃避他们应负的责任。在中国与美西方关系大局里，气候变化不是"绿洲"，而是博弈舞台。对此我们应时刻警惕，以我为主，先立后破，趋利避害。只要积极稳妥推进"双碳"目标落地见效，中国在参与并引领世界气候变化和环境治理方面就拥有更大的主动性和话语权。

高明勇：您能简单介绍下"双碳"的治理难度和紧迫性吗？

李少义：根据联合国近期发布的报告，全球温室气体排放还在加速。地球表面的平均温度比 250 年前工业革命时期提高了 1.3℃。气候变化的影响远不止高温酷暑，极端天气困扰世界各大洲，包括暴雨洪灾、长期干旱、森林大火、生物多样性退化、冰川消融、古病毒病菌萌发复活……联合国古特雷斯秘书长难掩其失望与愤怒之情，称世界挣扎在"沸腾之中"。

实现"双碳"目标是一项时间跨度长、涉及范围广的宏大工程。我国政府已经出台了一系列方针政策。"十四五"规划制定了"1＋N"政策和行动，许多行业颁布了具体计划、路线图、标准和规定，许多城市也推出了各自绿色、低碳、可持续的地方安排。现在需要注意的是，政策设计的整体系统性、相互协调性，注重实效，不求热闹。

高明勇：能否举例说明?

李少义：比如，"双碳"需要建立一个崭新的能源系统，可再生能源不可或缺。近年来，我国可再生能源发展迅速，领跑世界。 2022 年，我国非化石能发电装机总量已超过化石能装机量，新增发电量的 70% 来自可再生能源。在大好形势下，还应注意两点，一是制造可再生能源设备所耗费的原材料，自然资源要数倍于常规能源设施，因此，运用全生命周期方法就显得尤为重要，系统的设计要注重智能化，设备生产安装过程尽可能节能降耗，退役后要保证能被回收、再利用；二是发展可再生能源是能源转型的第一步，也是相对容易的一步。真正难度大、要求高的是建设安全可靠的电网系统，它既能保障人们生产生活、国民经济运转所需的用电需求，又具备应对各类自然灾害的强大韧性；它包括无数个发电、输电、储能、用能子系统的物理连接，同时需要广泛采用互联网、大数据、人工智能等先进技术手段以真正实现绿色、低碳、可持续。

高明勇：目前看来，不少人对"双碳"的理解还不是很到位，真正可供参考的研究成果也"凤毛麟角"，对此您怎么看？

李少义：中国社会各界一直关注气候变化，以及联合国政府间谈判的进程。"双碳"目标刚一提出就引起很大反响。各类专家学者热烈讨论，献计献策。有些观点思路不清晰，方法不现实。中央及时发现这些苗头，提出"以我为主，积极稳妥，先立后破"的方针，使有关气候变化的研究讨论、组织实施步入正轨。

专家需要时间理解什么是"双碳"，为什么要提出"双碳"，琢磨透之后，才能思考怎么跟自身结合，这至少需要半年时间。

"双碳"提出以来，几个大专家参与进来了，他们把"双碳"政策的阐发与实施和科学技术、经济发展结合了起来。

　　例如刘世锦，他把气候行动和宏观经济结合在一起，统筹考虑，"双碳"不仅是一个环境问题，也是一个发展问题，再跟"2035年再翻一番"结合在一起，视野要宽。

　　比如丁仲礼院士，他从科学技术的角度组织实施了支撑"双碳"目标的九大研究课题，提出构建一个涵盖电力供应、能源消费和碳固定的"三端共同发力体系"。这样的思路是实实在在的。

　　再例如，中国工程院院士、清华大学教授金涌，他提出用化工领域最前沿的科学技术，形成碳闭路循环，而不是简单地关掉矿井、不用煤碳。

　　针对实现"双碳"巨大的资金需求，李俊峰等专家进行了深入研究，提出一系列气候投融资相关的政策建议、机制安排、实施方法。

　　这几个例子证明，科学家们已入轨"双碳"，构建了坚实的科学基础。

　　高明勇： 在大家逐步对"双碳"目标有了充分了解之后，为如期实现这一目标，需要重点关注哪些方面？

李少义：入轨"双碳"只是第一步，还有几个问题需要思考，比如技术。目前还没有足够的技术可以支持"双碳"目标，要在未来几十年建立技术体系；再有市场主体，如果没有企业参与，政策无法落地，如果企业进来，就需要思考宏观营商环境；此外，"双碳"需要全社会广泛参与，每个人都做出贡献。要改变人们认知和生活习惯，提倡简约、高效、绿色、可持续的消费模式。

高明勇：相对于其他的研究主体，对一个智库来说，最重要的是什么？您认为智库有哪些独到的地方？

李少义：智库的出现和运作源于西方。进入发展新时期以来，智库在中国大地上犹如雨后春笋，生机勃发。这充分反映广大学术界关注天下风云、心系祖国发展的情怀与使命感。我在联合国曾领导过有关自然资源与环境影响的科研工作，愿意分享一些粗浅的看法。

一个有影响力的智库应具备三项基本素质。第一，要有所专攻并站在其领域的前沿，既要熟悉事物的演变经纬，更要洞悉把握时与势。智库主要功能不是出具体政策，而是分析背景、提出选项、权衡利弊。只有与现实需求息息相关，方可提出真知灼见。第二，要开放兼容，尊重常识、事实、真理。每个智库、每项研究都有自己的叙事、立场、观点。只有建立在知己知彼、兼听互鉴的基础上，其分析与结论才能立得住、有影响。第三，要保持独立客观，铭记古训"旁观者清"。智库观点建议有时不被接收，要善于引导客户，不可无原则迎合。总之，智库所从事的虽不是基础科研，但是要严格遵循科学研究的精神。在当前形势下，重新解放思想，践行实事求是，尤为重要！

智库要有核心价值，有自己的"叙事"和"形象"。比如，某某问题一定要找某某智库。这不需要所有人都知道，只需要行家内里知道。此外，智库要勇于批评，但应该是"建设性"的批评。

高明勇：有很多人说智库应该主要从事政策研究，但研究成果却不见得被政策制定者接受，所以还不如去搞学术研究。对此您怎么看？

李少义：智库工作和学术研究和政策编制有相通之

处，也有较大区别。学术研究要求数据扎实，方法可复制，是基于该领域或课题最新的研究成果。政策制定既要科学，又要实际，要讲平衡，这种平衡比学术研究要难得多。政策要从现实出发，现实不是完美的，政策也不可能是完美的。智库不可能影响所有问题，会坐很多"冷板凳"。坐"冷板凳"的时候，并不是决策层不喜欢你的观点和论述，而是所有的政策都要从现实出发，有些信息研究人员还未掌握。

高明勇："度书三问"是我之前设计的一个问卷，目前已有不同领域的许多学者参与回答，借此机会也想请您回答一下这三个问题——过去之书，就您的阅读史来看，最想分享（推荐）什么书？为什么？现在之书，您正在读什么书？未来之书，您目前最期待读什么书？

李少义：中外学界媒体都定期发表书单，推荐新书。如有可能，我都要找来看看。看完之后，会针对某一问题选三五本。我不喜欢读一面之词，三五本书反映不同角度，包含不同甚至相反观点，更具启发意义。比如，这几年中美关系搅动人心，除去我国专家学者的论著外，我阅读了史蒂芬·罗奇《意外冲突：美国、中国和虚假叙事的冲突》，陆克文《可避免的战争》，白邦瑞《百年马拉松：中国称霸全球的秘密战略》等人书籍。这有利于我进一步了解西方对华偏见的由来、内容实质、相同与不同，思考对应的战略战术。

提到过去之书，那我选罗素的《西方哲学史》。罗素在西方哲学家中站得高、看得远，他的《西方哲学史》虽然很薄，但较体系地梳理了西方的思想脉络，适合年轻人和非哲学专业读者。

现在之书我选玛格丽特·麦克米伦的《和平戛然而止》。

目前的国际形势跟一战前很接近。用现在的语言讲，当时的全球化也是空前的，英法德奥等国家不仅经济联系非常紧密，也有共同利益，战争不是理性的选择，到底是什么因素让第一次世界大战爆发？

未来之书，我搜集一些有关西方新闻媒体的书，研究其起源、演变、影响、作用。西方主流媒体内部千差万别，但大多由犹太资本控制，他们在组织结构、叙事编造、推广方法等方面也高度趋同，进而得以呼风唤雨，左右舆论。他们是怎么融合在一起的？他们的话语权从何而来？西方新闻比起几任总统的势力还要大的多，他们是如何立起来的？这对于我们做好外宣非常重要，我们在话语权上很被动，跟我们不能深刻全面了解对方有很大关系。我们一定要知己知彼，想要搞清楚西方新闻，不是一本书，我会找几本教科，看看他们标榜的"初衷"；读几个西方顶级记者的传记和作品、主流媒体发家史，再看他们如何践行和运作。

高明勇：如果人生可以重来，你会如何设计自己的人生？

李少义：我希望当个大学老师。一方面能不断学习，搞课题研究，写文章，发表著作；另一方面，经常跟年轻人对话，把自己学到的好东西传授给他们，从他们那里学到新东西。

王红漫

北京大学教授，
中国卫生经济学会老年健康
经济专委会主任委员

健康服务大于

医疗服务

高明勇：随着经济和社会的进步，民众生活条件不断改善，医疗卫生水平不断提高，人口预期寿命不断延长，再加上生育意愿变化等因素导致的生育率下降，使人口年龄构成中老年人口的比重持续上升，人口老龄化成为当前与今后很长一段时期我国社会的一个重要特征。您长期关注人口老龄化相关问题，认为应该如何从年龄上定义"老年"？

王红漫：如何对"老年"的定义做出科学的动态调整，是我长期关注的研究方向。

我国 1996 年出台的《老年人权益保障法》在 2018年进行了一次修订，修订后《老年人权益保障法》对老年人的福利待遇做出了更好的调整，但老年人的年龄标准没有改变，依旧是 60 岁。

我们国家的人口寿命在延长， 1981 年，我国人均预期寿命为 67.9 岁， 1996 年为 70.1 岁， 2019 年为 77.3 岁。从 1996 年到 2019 年，我国人均预期寿命增加了 7.2 岁。如果将年龄标准调整到 65 岁，我们的老年人口就会减少 7300 多万，相当于非老年人口增加了 7300 多万。

为学界建言献策，我们提出了应该对"老年"的定义做出科学的动态调整，就目前我国人口年龄结构、健康状况、社会经济发展水平来看，将我国老年年龄调整为 65 岁比较合适。

我们健康中国理论与实证研究课题组、老年健康经济专业委员会调研组为此做了调研，发现将老年年龄调整为 65 岁的同意率达到了 66.83%。

高明勇：我们注意到，最近您带领团队发布了《康寿之乡认定准则和方法》，为什么要做这样一个课题研究？

王红漫： 2020 年 10 月在《老年健康蓝皮书：中国

健康老龄化研究与施策（2020）》发布仪式上，韩先生
（韩启德院士）向我们提出，既要关注老年人数量有多
少，还要关注老年人过得好不好。于是，《康寿之乡认
定准则和方法》也相应地进行了补充和完善。

　　课题组研究了几乎所有的长寿之乡、康养基地、健
康城镇包括健康社区等认证体系，发现里面缺少关于生
命质量（特别是死亡教育）的指标，很多研究者都忽略
了生命质量。

　　我们课题组致力健康中国研究，开创康养新篇章，
在做康寿之乡指标体系时，认真思考了韩先生的建议，
在20年对"城乡统筹发展"调研的基础上，研究汇集
了开展"康寿幸福之乡"项目开展的任务标准和办法，
其内容涵盖了乡村振兴发展和健康幸福指数的各个方
面，既有硬杠杠，又有软实力，既让乡村人民群众有奋
斗目标，也会让乡村人民群众能适时享受劳动、创造健
康幸福的成果，同时融入"人类健康共同体"的思想，
研发了《康寿幸福之乡评定标准和实施方法》。

　　因此，这份指标强调健康预期寿命，而不是预期寿
命，不仅既涵盖了森林覆盖、地表水质量、土壤质量、

气象这样的自然指标，还涵盖了收入公平等社会经济指标；既有横向考量，也有纵向比较。

除此之外，韩先生还向我们提出了多项具体指导。我们正在按指导做相关的研究。比如韩先生提出"要依靠科技的力量，大力发展老年医学；要发展老龄健康产业""技术普惠、再生医学、智慧康养、老龄事业与产业高质量发展"，我们将这些议题作为 2021 年老年健康经济专委会学术年会的重要内容。

《康寿幸福之乡评定标准和实施方法》不只是关注中国，更是在关注全球健康。我们计划以联合国的几种工作语言分别发布，目前中文版、英文版、俄文版、阿拉伯语版已经完成发布，其他几种语言的版本后续就会发布。

高明勇： 在您看来，一个人若想长寿，什么最重要？

王红漫： 健康的生活方式尤为重要。

世界卫生组织曾经做过一项研究，结果显示医疗卫生系统对人的健康只起到 8% 的作用。

　　人的生活方式和所处的环境，对健康的影响非常大。我们国家非常清醒，也提出了"绿水青山就是金山银山"，提出了"美丽中国"。我们课题组所提出的《康寿之乡》指标体系也考虑到了这一点，将城市发展、乡村发展、自然环境、生活方式、人与人之间的关系等，都囊括在里面。康寿之乡标准体现了健康理念的深化发展，强调了健康国策的精细实施，彰显了生态文明的建设理念。

　　高明勇：在人口老龄化趋势加快的当下，我国正不断发力，以满足老年人日益增长的多层次、高品质健康养老需求。当前，各地区各部门在推动老龄事业和产业协同发展方面有哪些探索实践？

　　王红漫：令人欣慰的是，全国各地在推动老龄事业和产业协同发展上都取得了不斐的成绩。在老龄事业和产业协同发展过程中，不可或缺的是科技的力量。

　　比如智慧养老。科技能使社会更美好。科技养老可以理解为一个把大数据、人工智能、互联网、物联网结合起来的系统，让老人的衣食住行更便捷。

老人无法起床、不方便站立，智慧系统能够通过一系列手段来辅助老人起床、站立；老人因多种疾病需要服用多种药物，智慧药盒会告诉老人如何科学服用药物，防止药性抵消或者加强；老人吃饭，智慧系统能够根据老人的身体情况，告诉老人如何搭配饮食平衡营养；老人上楼梯难，智慧系统也能提供辅助……我们课题组里有数学系的老师和实务工作者，他们用精算、知识图谱的方式让理论成功落地。

再比如再生医学。再生医学通过生物材料、干细胞、调控因子的协同作用，激活组织再生潜能，实现损伤修复和功能重建。是继药物治疗、手术治疗之后的一种崭新的疾病治疗模式，有望成为创伤修复的终极解决方案。

当然，科技养老也是双刃剑，最直接的就是如何保护隐私。

高明勇：国际上很多发达国家早已步入人口老龄化，在您看来，哪个国家应对人口老龄化的措施最好？

王红漫：应该说日本这方面做得较好，2019 年 5 月，我专门去日本调研日本老龄化。日本是亚洲最先进入老龄化的国家，长寿方面也是排在全球前三。我们发现日本已经在向百岁高龄迈进，日本对老年人的人力资源、智力资源的运用，甚至是治理方式也较为先进。我还专门写了一份日本享老考察报告，介绍其优点和不足，以及潜在的问题。

高明勇：近年来，随着生活压力的增大和城镇化的快速发展，老年人在家庭中的地位逐渐发生了变化。尤其是生活不能自理的老人，让年轻人面临了照料的难题。在您看来，如何构建和完善兜底性、普惠型、多样化的养老服务体系，不断满足人民群众日益增长的多层次、高品质健康养老需求？

王红漫：照护体系很重要，但光有想法，没有人去执行也不行，所以人才尤为重要。我认为照护体系的人才培养要从两个方面抓。

一方面是培训，所有人都要对照顾体系有一定的了解和掌握。对于个人来讲，不光是照顾自己家的老年人，当自己进入老年时，也应该知道如何照顾自己。所以，这不仅是在照顾老年人，也是在照顾自己。另一个方面是学历教育，包括医生护士等职位，还是需要有专业化的人才队伍做支撑。

在照顾体系中，还有一个点值得重视。

我国的一些学者，太把老年人当弱势群体了，反而忽视了他们对社会的参与。按照马斯洛需求原理，人的最高需求是自我价值的实现。很多老人都有社会参与的需求，我们应该满足他们的需求，让他们实现自己的价值。

韩启德先生也对我们专委会课题组提出"要维护老年人的社会地位，充分利用老年人的人力资源"，所以，延迟退休也是重要的研究方向。

好消息是，现在国家开始试点了，成功之后就会全国推广。老年人身体状况越来越好，他们自己也愿意去做一些事情。俗话也说"家有一老，如有一宝"，他们的确可以给家庭、给社会做贡献。这和西方学者观察到的"人口红利关闭"不同。

高明勇：人口老龄化将对经济和社会运行产生深刻的影响，如何有效加以应对是国家制定各种经济与社会政策时必须认真考虑的重要因素。您认为我们还应关注哪些方面？

王红漫："老龄工作"研究，不单是要关注老年人，还要关注全人群。所以我们课题组在 2021 年的老年健康经济专委会学术年会上再次强调，若要使得到了老年还具有社会日常生活功能，那就一定需要在全社会从幼年时就开始贯彻"健康老龄化"策略，即要在生命的全过程、全周期贯彻"健康老龄化"策略。

站在
文脉的
延长线上

莫砺锋

南京大学人文社会科学
资深教授

观念是中华传统文化中

最有价值的精神内核

高明勇：江苏和江西的文脉源远流长，您长期生活在江苏，之前专门研究过江西，在您看来，这两者之间有何共通之处和不同之处？

莫砺锋：我没有研究过江西，只研究过"江西诗派"，那是我博士论文的题目。

"江苏"这个地名到清代才有，它与历史上的任何国家二级政区，比如唐代的"道"，宋代的"路"，都不重合。

所以我们不能说"江苏在古代如何如何"，比如在北宋，现代的江苏省分属两浙路、江南东路和淮南东路，甚至还有一部分属于京东东路和京东西路。

江苏省于 2016 年启动了名为"江苏文脉整理与研

究工程"的大型文化工程，由于工程是按现代政区来规划、操作的，所以名为"江苏文脉"。但从学理上说，江苏文化就是江南文化的重要组成部分，江苏文脉也就是江南文脉。

我与南大文学院的同仁参加了这个工程，主要是投入"江苏文库"中的"文献编"和"精华编"的编纂工作。

江西则不同，宋代的"江南西路"，简称江西，其区域与现代的江西省基本重合。所以我们把宋代的江西与现代的江西进行比较，并无语病。

三十多年以前，我在南京大学读完博士，学位论文题作《江西诗派研究》。

虽然那时我从未到过江西，但江西已是我心中的历史文化圣地。事实上对于所有研究宋代文化的人来说，江西都是一块圣地。

江西的宋代文学大家太多了，虽然从现存资料可见的宋代作家的绝对人数来说，也许江南西路不是人数最多的一个路，但如果论一、二流的大家，那么江西绝对称得上是宋代文学的半壁江山。

当然，它也是宋代文化的半壁江山。

王勃的名句"人杰地灵"虽是写于唐代的南昌，但用来描述宋代的江西也许更加贴切。所以把"江西"作为古典文学研究的对象，在学术上更加合理。

高明勇：您是南京大学首任梅庵书院院长，书院为何取名"梅庵"？如何看待书院的定义与定位？

莫砺锋：2020 年，在纪念李瑞清先生逝世一百周年之际，南京大学成立了梅庵书院，书院取名于李瑞清先生之号梅庵，我被聘为院长。

李瑞清先生是南京大学的前身两江师范学堂的首任校长，南大师生都把他视为我们的老校长。

梅庵是著名的教育家，平生培育无数英才；又是著名的诗人、艺术家，成就卓著。但是梅庵最为南大人称道的是其高尚人格。

他一生清操自守，晚年生活非常贫困，完全靠卖字卖画来维持生计，也不肯委曲求全。就像文天祥诗中所说，"清操厉冰雪"。

梅庵书院并不是一个实体，它的运行基本借助于文学院的师资及图书资料等条件，在理念上则借助古代书院教育思想的丰富资源，让学生接受中华传统文化精神的教育，接受老校长梅庵那样的人格精神的熏陶，养成"嚼得菜根，做得大事"的高尚人格。

我们希望学生毕业后走上社会，要在人格方面有所坚持，有所持守。

社会上也许有各种力量把青年人拉向随波逐流的泥潭，我们希望他们能有抗拒的力量。

我们深知这件事情不能一蹴而就，而是任重道远，但是为了不让我们的学生成为只懂某种专门知识的技术人员，更为了不让他们成为精致的利己主义者，我们必须坚持这样做。舍此之外，别无他途。

高明勇： 当代中国社会正在发生重大转型，古代的士大夫精神，能够为当代中国精英群体提供哪些思想力量？

莫砺锋： 在实现中华民族伟大复兴的事业中，继承和弘扬优秀的中华传统文化具有重要的意义。然而中华传统文化博大精深，包罗万象，我们究竟从何处着手呢？

大致说来，中华传统文化主要包括器物文化、制度文化与观念文化三大类。器物文化，包括与其共生的科技文化，总是不断发展、后来居上的。制度文化也是随着社会进步不断演变、与时俱新的。

所以对当代中国社会仍有强大启迪意义的传统文化之精华，主要是观念文化。

观念文化是整个文化体系中最核心的深层结构，是我们的祖先思考万事万物所形成的精神产品，是祖先的意识形态、价值判断和思想结晶，例如关于"己所不欲，勿施于人"的伦理学原理，"仁政爱民""民贵君轻"的政治学原理，关于"和为贵""远人不服，则修文德以来之"的民族关系、国家关系准则，关于"老吾老以及人之老，幼吾幼以及人之幼"的仁爱观念，关于"天人合一""民胞物与"的自然观，乃至关于"数罟不入洿池""斧斤以时入山林"之类的环境保护思想，关于"不战而屈人之兵""苟能制侵凌，岂在多杀伤"的战争思想，等等。

这些观念是中华传统文化中最有价值的精神内核，能为现代中国人（不一定是精英）提供积极的思想资源。

由于古代中国的社会条件，这些思想成果主要是由士大夫阶层创造的，它们基本上已经内化成士大夫的人格精神或人生态度。

我认为要想从传统文化中汲取精神力量，主要应该着眼于此。

高明勇： 您接连出版了《讲唐诗》和《讲宋诗》，曾多次表示，"如果说唐诗宋词是一座气象万千的名山，我愿意当一位站在山口的导游，来为游客们指点进山路径与景点分布。"您普及古典名著的方法论是什么？

莫砺锋： 我没有什么特别的方法论，我从事的普及工作主要有两类，一是撰写普及读物，已经出版的有《我见青山多妩媚——人与自然主题历代诗词选》《漫话东坡》《诗意人生》《唐诗与宋词》《莫砺锋讲唐诗课》《莫砺锋讲宋诗课》等。二是我常到各地图书馆去做有关唐诗宋词的公益讲座。

或许可以谈谈我对普及古典名著的认识。

我读研时的专业方向是唐宋诗歌，毕业后留校工作，也一直在这个领域从事研究与教学工作，四十年来寸步不离。

像我的学界朋友一样，我也从事纯学术的研究，成果的形式主要体现为学术论文或著作。

这样的学术活动当然是有意义、有价值的，但是其意义基本上局限于学术象牙塔。

然而从根本的意义上说，古代文学中的经典作品流传至今的价值并不是专供学者研究，它更应该是供大众阅读欣赏，从而获得精神滋养。

精深的纯学术研究是我们的目标，但是其终极价值仍在更好地阐释古典文学的精神。

所以我们在撰写学术论著的同时，也必须对古典文学的代表作家与代表作品进行准确可靠的注释及生动灵活的解说，从而将古典名篇引入千家万户。

我在中学时代读过一套《中国历史小丛书》，受益匪浅，心里很崇敬那些认真撰写普及读物的著名历史学家，我们从事古典文学研究的学者也要努力做好类似的工作。

　　身为大学中文系的老师，又在古典文学专业，我觉得自己有责任在普及方面做一点工作。我近年来把较多的时间、精力投入普及工作，虽然那些工作在学校的工作量考核中等于零，但我并不懊恼。

盛大林

知名评论家，书法家，
北京大学新媒体研究院
研究员

欲兴文化产业，

先重历史资源

高明勇： 在您看来，当下如何张扬书院的教育功能、学术功能、服务社会功能？

盛大林： 我认为，要张扬书院的教育功能、学术功能、服务功能，就应紧紧围绕"中华优秀传统文化"这个中心，这是因为"传统文化"是传统书院的基因，而大力弘扬中华优秀传统文化又是当下中华民族伟大复兴的着力点。另外，现在的书院应当致力于素质教育，成为新式学校应试教育的有益补充，成为有效提升全民素质的重要力量。

高明勇： 让书院成为地方的文化名片、教育名片、旅游名片，还需要采取哪些措施？

盛大林：首先要充分发掘书院的历史文化资源，让书院的发展历史以及书院在中国文化发展历程中的独特作用广为人知，引导更多的人热爱书院，提升人们对中华优秀传统文化的自豪感、认同感，激发人们学习传统文化或体验传统书院的兴趣。同时，加大宣传推广的力度，让书院成为"学习型社会"中的热点和亮点。尤其是像临汝书院这种有着辉煌历史的代表性书院，更应该注重宣传。

高明勇：虽然我们极其不愿意承认，但又不得不承认的是，疫情与人类共存，书院的发展会否受到影响？接下来该怎么办？

盛大林：应该会有影响。不过，这种影响是全方位的，各行各业都会受到影响，机会仍然是均等的。就市场化运营来说，书院应当在遵守政府防疫部署的前提下，采取更加灵活的经营方式，努力把疫情的影响降到最低。单就文化教育及传播而言，书院也要适应时代的发展，在建设好线下实体书院的同时，努力在各大互联网平台上搭建"线上书院"。实体书院的影响范围比较小，线上书院的影响却没有边界。危中有机，海阔天空，眼前的困难可能倒逼书院获得更大的发展空间和更多的发展机遇。

高明勇： 对抚州的文旅和文化产业的发展，您有何期待和建言？

盛大林： 以临川为核心区的抚州市，有着非常丰富的历史文化资源。抚州要发展文化产业，首先应该全面、深入、系统地挖掘、整理抚州的历史文化资源。就我对临川及抚州的初步了解，明显感觉抚州在这方面亟待改善。

比如抚州的主要文化品牌"临川之笔"，这个概念出自王勃的《滕王阁序》，包括教科书在内的所有文献都将其解释为谢灵运的诗笔。而实际上，"书圣"王羲之与谢灵运一样，也曾担任临川内史，而且在临川留下了"墨池"，王氏之笔比谢氏之笔的分量更重。王勃所指，首先应该是"书圣"，抑或合指"王谢"二人。抚州应该组织专家学者重新诠释这一概念，让世人重新认识"临川之笔"，一方面可以提升临川及抚州的历史文化厚度，另一方面也可以通过制造学术热点提升临川及抚州的知名度。

再拿临汝书院来说，作为首批御赐匾额的宋代书院，在中国书院史上堪称浓墨重彩的一笔，但关于临汝书院历史的研究，目前几乎完全处于空白，这实在是对宝贵历史文化资源的巨大浪费。

高明勇： 从精神谱系看，智库和书院是否具有一脉相承性？

盛大林： 书院和智库都是智力密集型的机构，二者的核心部分是相同的。作为古代的高等教育机构，书院的主要职能就是为科举服务，也就是为朝廷培养人才，为统治者提供智力资源。因此，书院与智库是上下游关系，存在内在的一致性。

高明勇： 具有历史厚重感的书院，与极具现代气息的智库，如何更有效地"联姻"？

盛大林： 书院与智库要有效地"联姻"，关键在智力的互补和成果的输送。现代的书院已经没有直接向上输送智力的功能，而智库则具有这样的功能及渠道。因此，书院和智库首先可以在学术研究等方面加强合作，同时书院也可以通过智库把智力成果输送到决策机构，从而造福于社会。

高明勇： 有人说，江西是中国当下最没有存在感的省份，这个观点您怎么看？

盛大林： 在最近几十年的经济社会发展中，江西的发展速度较慢，亮点较少，社会关注度比较低，这是客观事实。我认为，这主要是区位及交通格局的改变导致的。但江西也有自己的优势，比如历史文化资源比较丰富，尤其是宋代的书院文化，当然也包括红色文化。如果能把这些独特的资源开发好、利用好，江西也可以大有作为，所谓的"存在感"也会大大提高。

高明勇： 一些失业者、大学生毕业找不到工作，会有人生得失、生命意义的叩问；而成功人士同样有这样的叩问。在您看来，国学有哪些力量可供后人汲取？

盛大林： 人生道路上有很多选择，每一种选择都有利有弊。不管是所谓的成功者，还是所谓的失败者，抑或正在奋斗中的人，都会时不时地停下来思考一下，我选择的道路对不对，我的未来在哪里，我这样做值不值。所以，"叩问"都是正常的，甚至是必要的。

关于这个问题，我们的前人先贤都曾有过深入的思考，也留下了很多宝贵的精神遗产。比如在遭受挫折的时候，我们要学会坚持，相信"有志者事竟成"；在事业成功的时候，也应该超越个人得失，追求精神境界的提升。古人不是说吗，"穷则独善其身，达则兼济天下"，在中国的传统文化中，可供后人汲取的东西太多了。

高明勇：作为知名的评论家，又是知名的书法家，现在还在钻研学问，您的方法论是什么？

盛大林：也没有什么"方法论"，主要就是跟着兴趣走。书法是我的爱好，唐诗也是我的爱好。我近年关于唐诗的考证研究，与书法是紧密相关的。我做的这些所谓的"学问"，涉及文学、历史学、文字学、音韵学等各个方面，而这些学问其实与书法都有很大的关系。

　　"汝果欲学诗，功夫在诗外"，文学讲求"诗外功"，书法也讲求"字外功"，实际上都是强调学养的全面提升，因为文学艺术的各个领域都是相辅相成的。我只是涉猎广泛一些，其实各个方面都没有达到很高的水平。

十年砍柴

知名文史作家

古代江西的

"好风水"去哪了？

高明勇：宋元时期的江西，"学霸"基本上是科举的得意者，同时也是大政治家，如王安石等人。在您看来，"学霸"既做官又做学问，他们是如何"兼修"的？

十年砍柴：中国古代所谓的"读书"，相当于现在的学历教育（而非学木匠、学种田、学泥瓦匠的技能教育），是一种专门的人文教育，学习的内容是经史子集，目的是培养管理社会的"士"。

《论语》中有一段经典的话讲到了孔门教育，也是后世儒家教育的培养目标："樊迟请学稼，子曰：'吾不如老农。'请学为圃，曰：'吾不如老圃。'樊迟出。子曰：'小人哉，樊须也！上好礼，则民莫敢不敬；上好义，则民莫敢不服；上好信，则民莫敢不用情。夫如是，则四方之民襁负其子而至矣，焉用稼？'"

在批判儒家的某个历史时期，有人据此说孔子瞧不起体力劳动者，这样的结论太武断了。

樊迟非常聪明，巧言善辩，喜欢和老师抬杠，属于一个班中调皮捣蛋的那一类，孔子经常批评他。他问孔子关于种田、种菜的技艺，多半是故意为难孔子，他岂不知道孔子不具备这方面的技艺？孔子当面诚实地承认说自己不如老农与老圃，樊迟退出后才对身边的其他弟子批评樊迟问的问题是舍本求末。

"小人"在那时候也不是贬义词，而是与"君子"相对，指的是平民百姓。

孔子的意思是你向我学习的是"礼"，把这个学好了，就能治理社会，哪用得着学习种田？这就好比一个法学院的博士生向导师询问农学知识，导师只能告诉他你去农学院吧。

那么在这种人才培养体制下，中国传统的教育体系出来的"学霸"，必定是兼修做学问和治理之术的。在中国古代的经史子集中，这两种学问混同于一体，这一点到了宋代及宋以后，尤其明显。如欧阳修、王安石、文天祥这三位伟大的江右先贤都是如此"兼修"。

当然，学到的"做官"即治理学问在现实中运用得如何，那也是因时而异，因人而异。

高明勇：书院千年，文脉丰沛。当下，不少地方都在重建书院，那么如何让书院"活起来"？

十年砍柴：今天各地兴办的一些教育、文化机构，名之为"书院"者不少，或从事国学培训，或作为地方民俗展览，或成为文旅之景点。这当然是经济发展到一定水平，人们对文化和精神产品的一种需求的反映，有市场才能有供给。

但今天的书院和古代书院的社会环境已大不一样，不可能亦步亦趋拷贝古代的书院模式。

自 1905 年废除科举后，书院教育赖以生存的土壤不存在了，书院教育制度很快走向了衰亡，而被来自西方的近现代学校教育体系代替，许多书院的校舍便用来办新学，如在长沙的城南学院办湖南第一师范学校，在岳麓书院的旧址上办了湖南大学。

要重建一所书院，显然不可能回到古代，古代的书院从事的是相当于今天的国民教育。今天各阶段的国民教育或曰学历教育由国家教育部门掌管及其管理的学校来实施。

民间兴办的书院能做什么呢？又如何做呢？要弄清楚这两个问题，书院才能有明确的目标，故而才能有较清晰的运行方案，也才可能让书院"活"起来。思路清晰了，形式当然可以多种多样，利用现代一切的传播方式。

高明勇：一个现实问题，就是书院和年轻人之间的弱连接，如何转换为强连接？

十年砍柴：我曾经跟一位书院经营者开玩笑说，如果年轻人想来书院，就如城乡的中老年人想去麻将馆、老太太们去跳广场舞、小朋友喜欢网络游戏那样，那么书院一定会火起来。

当然，书院设立的目的和棋牌、游戏这样的娱乐产品不一样，它有更高尚的追求。但是，不能被这种高大上的目的束缚住，形式的活泼多样和目标远大不矛盾。

我们稍微观察一下，凡是年轻人乐意自愿和一种文化娱乐产品产生强连接，那这种产品首先能够满足其精神上的愉悦，使其沉浸于期间，感觉到快乐。如果一接触就觉得严肃而无趣，就不可能有强连接。

书院在古代重要的作用是教化学子，今天的书院更是要向年轻人传播正确、健康、符合时代大潮的价值观。但若重教化而轻乐享，必然行之不远。

其实古代中国的教育包括书院的教育，必然方式多样，寓教于乐。我们看《论语》和《史记·孔子世家》等典籍记载的孔子，教导学生真是不拘形式，彼此有争辩，有讨论。

宋代的书院也是这样的，朱熹、张栻会讲于岳麓书院，周边的士子辐辏而来观看，这精彩程度一定不亚于电视转播的大学生辩论赛、诗词大赛、"我是歌手"那样的节目。

我觉得日本的动漫产业对中国的传统文化弘扬包括书院的经营应该有所启示。日本动漫里传播的价值观符合日本文化传统，尊重人类的基本情感，也和现代社会的价值观一致，青少年在快乐的阅读和观看中不知不觉地就接受了。

今天我们有更多的传播形式可以利用，线下的可以到现场举办各种有趣的活动，增强年轻人的参与感和互动感，让他们觉得新潮、有趣、酷；线上的则可以利用各种视频直播、连线，扩大参与者的广度。

应该说，比起古代书院，在传播方式和活动形式上，今天有太多的优势。

高明勇：有人说，江西是中国当下最没有存在感的省份，这个观点您怎么看？

十年砍柴：我觉得这个说法有些偏颇，但是也必须承认，相对于灿烂辉煌的古代，特别是宋代至清代，今天的江西确实有些落寞。

原因是多方面的，人常说"风水轮流转"，古代江西的好风水怎么就转变了呢？一地之勃兴，一地之衰落，其实是政治、军事、经济、交通、文教等诸方面条件的综合作用使然。

以江西为例。从唐末开始特别是经过五代十国的动乱，宋王朝建立后，江西成为中国经济、文化中心南移最重要的区域。江右之地，正处在中国南方的腹心地带，安徽有些靠北了，浙江、福建和苏南太靠东了，湖南、湖北略微偏西，两广远在岭南。

在衣冠南渡时，江西成为中原移民以及中原文化到南方的最重要的落脚点，也是最重要的分发地。从这里向周边的浙江、福建、广东、湖南等地分发、辐射，最为便捷。

而在农耕时代，江西可耕地多，河湖密布，且河流平缓利于航运，当时两湖的贸易，几乎都由江右商帮把持。这种利农亦利商的地理条件使江右从宋代到清末都是富足之地，当时湖南、湖北稍微大一点的城镇，就有江西商人的会馆万寿宫。

太平天国定都南京后，江西是主战场，双方在这块土地上拉锯十几年，造成十室九空，对经济、文化的破坏非常大。太平天国被湘淮军镇压后，清廷开始洋务运动，古老的帝国向外开放，中国的经济文化之形势发生剧变，原有的格局被打破。

江西在这种巨变中成为失落者。内河水运衰落，代之的是铁路运输，江西有利的交通条件变为不利，京广线弃江西而过湖南，中国腹地最重要的一条南北干线从西边绕过，贯穿东部沿海诸省的北京至杭州的干线从东边绕过，江西长期成为铁路运输的"腹地死角"。

江西不沿海，水运又衰落了，铁路运输不发达，商贸的优势很快就丧失了，所以，在太平天国灭亡后，江西不能像同样饱受战争摧残的苏南、浙江那样很快就恢复元气。

洋务运动催生的两大工商业都市上海和武汉，在长江流域诸省中，对江西的辐射是最弱的。

经济的衰落必然影响着文化教育事业的发展。不过，随着近年来江西交通条件的大力改善和对沿海产业的承接，江西正在改变过去一百多年的不利条件，它的土地优势、人口优势凸显，其区位的重要性在增强。

我想，江右之地的好风水又转过来了，"物华天宝""人杰地灵"的盛况重现有期。

高明勇：对抚州的文旅和文化产业的发展，您有何期待和建言？

十年砍柴：江西省抚州市，其辖区大致包括明清时代的抚州府和建昌府，这里山川秀丽，气候宜人，民风淳朴，崇文尊教，有着丰富的历史文化底蕴。

"临川才子"在历史上曾是一张耀眼的地域名片，金溪曾是中国南方印刷出版中心，这里印刷的典籍惠及天下士子，王安石、曾巩、晏殊、晏几道、汤显祖为抚州带来过无比的历史荣耀。抚州的文旅资源的优势，在全国地级市里，是很突出的。

抚州可以说是江西文旅资源的一个代表、一个浓缩，它既有旖旎秀美的自然风光，又有灿烂辉煌的人文景观。

现在抚州的交通条件非常好，去南昌昌北机场一个多小时的车程，中国东西最长的高铁线——沪昆高铁经过抚州并设有抚州东站。只是对它的宣传推广还不够，很多人对抚州很不了解。

衷心希望能够以临汝书院的修建与重张为契机，以王安石诞辰一千年为新的起点，通过各种方式推广抚州，让全国、全球更多的人知道抚州，再进一步改善抚州文旅的硬件和软件，那么，我相信"临川之笔"仍然熠熠生辉，抚州将会迎来更多的外来游客。

王立斌

中国书院学会副会长

做大官、发大财

不是书院的传统

高明勇：您既是研究中国书院的资深专家，同时又为鹅湖书院、象山书院等传统书院的修复重建做了大量工作，在您看来，传统书院重新"活起来"需要解决的关键问题有哪些？

王立斌：我是1982年开始参与策划修复鹅湖书院的，是维修领导小组成员之一，我被分配到铅山县文化馆负责文、博、图一揽子事。在当时，这项工作是别人不喜欢干的，整天钻古纸堆，翻修古籍书（其中有全国善本书、省级善本书），还要到野外考古调查，文物普查，图书修缮等。

在文物普查过程中，我到鹅湖书院（当时鹅湖小学），看到书院破烂严重，书楼倒塌，牌坊受损，虽然是学校，而且 1957 年就被列为江西省第一批文物保护单位，"文革"都没被破坏掉，现在改革开放了，我们有责任保护它，所以我就通过文物普查调查的情况，写了一个详细修缮鹅湖书院的调查报告，得到县政府的支持，并以县政府的名义上报省文化厅，在两个月内就得到省里下拨的第一笔文物维修经费五万元。县政府因此成立了鹅湖书院维修领导小组，分管文化的副县长为组长，主管文化的副局长为副组长，我和其他几位同事为成员，我负责具体维修采购工作。

　　书院经过一年的维修，1984 年正式对外开放（并迁出鹅湖小学），1987 年在贵溪市第一次象山书院学术会议上，我率先提出了修复象山书院的建议，并出版了一本学术论文集，2011 年中国书院改制 110 周年暨象山书院学术研讨会召开，再次提出恢复象山书院修建工作，此事提上了市委、市政府议事日程。到 2017 年纪念象山书院创建 830 周年学术研讨会，将此事重新提上了政府的议事日程。这次会议出版了四本有关象山书院的书籍，我主编了《象山书院》和《象山书院志》。 2020 年，在我的倡导下，贵溪市委、市政府召开了"心养贵溪"心学之源学术研讨会，正式启动象山书院的恢复重建工程。传统书院的恢复需要解决关键问题，主要是紧跟时代步伐，具备与时俱进的思想，让中华传统文化活起来。

高明勇：近些年关注传统文化复兴的人都会注意到，书院作为一个既传统又新兴的文化载体，似乎又成了热饽饽，从城市到乡村，从教育到文旅，从公益到市场，涌现出很多类型的"书院"。您一直在参与当代书院的发展事业，能否介绍一下当代书院的发展情况，整体而言您对书院的发展趋势乐观吗？

王立斌：书院复兴是从 20 世纪 80 年代开始的。1982 年，在当地政府和省文化厅的支持下，我们单位率先修复了濒临倒毁的鹅湖书院，1984 年书院第一期工程完工后，《光明日报》就率先报道了鹅湖书院这一传统书院的维修情况，引起了国内外学术界的关注。第一批就迎来了前来参访的中国香港、中国台湾和日本学术界的客人。紧接着又接待了首次到访鹅湖书院的陈荣捷、成中英和余英时先生等人。从此我和成先生结识，成了忘年交。

　　1985 年 6 月江西的两大学术泰斗姚公骞、周銮书在李才栋的陪同下来到鹅湖书院参访，并与我们商量筹建江西书院研究会，决定以鹅湖、白鹿洞书院牵头，借用 1986 年召开庐山博览之夏大会时，在白鹿洞书院召开第一次江西书院研究会筹备会议，并决定于 1987 年在贵溪召开第一次象山书院维修恢复会议。随后，于 2011 年又在贵溪象山书院召开书院改制 110 周年暨象山心学研究年会。2017 年又和贵溪市政府合作推动了象山书院 830 周年学术研讨会的成功举办和 2020 年象山书院的恢复重建工程。

　　梁漱溟、冯友兰、张岱年和季羡林等先生推动成立中国文化书院，对中国当代书院发展产生了巨大影响。这些先生们虽然都在大学教书，但是他们在恢复中国传统书院方面做出了重大贡献，北大哲学系和中文系合作为中国文化书院打开了两岸交流的格局。1986 年岳麓书院得以重修，并且在体制上成为湖南大学的二级学院，并设立了多门学科的本科、硕士、博士点，为当今书院之楷模，而不再只是一个旅游景点，同时还担负了继承传统书院教育的任务，也逐渐开始有了书院学术研究，并且开始招收研究生，与湖南大学产生了联动效应。

中国社会科学院的方克立先生主持了现代新儒家一系列研究，他的《现代新儒家与中国现代化》一书直接推动了中国新儒家研究。冯友兰、贺麟、梁漱溟、熊十力和马一浮等著名学者的著作也得到了重新整理与推广。

高明勇：传统书院都承载着明确的文化教育功能，而当代书院不属于学校教育序列，那么它的基本定位是什么？如何让伴随互联网成长起来的一代年轻人对书院重新产生亲近感，建立精神和情感上的"强连接"？

王立斌：当代书院发展还有一种新形式就是通识教育、全人格教育。一些大学实行学生大一大二不分专业、不分系的培养方式，所有学生进行的是一套通识教育，到大二之后再根据个人兴趣选择相关专业，比如北大的"元培学院"就是这种方式。通识教育的推广在2000年以后也得到很多学校的支持，但所有学校都是在专业教育体制内进行一部分通识教育。而马一弘先生创办的北京七宝阁书院则完全不一样（我曾在这里协助创刊主编《书院纵横》书刊三期。为推动书院传统教育与现代书院教育起到了展示、宣传、总结、创新的效果）。

通识教育、常规教育和传统经典六艺教育相结合的书院化教育，是传统文化修养，是每个学生都要具备的。我们的学生，不管哪个年级，都要学古琴、书法、武术等，一句话就是"琴棋书画射御"。为什么要学古琴呢？因为书院提倡礼乐教化，所以要恢复中国传统礼乐。中国拥有五千年的历史文明，音乐更是有三千多年的历史。流传几千年的古筝、竹笛、唢呐等乐器都有高深的音律。众所周知，《诗经·关雎》里的"窈窕淑女，君子好逑"的礼赞非常动人，唱得也非常优美。但是请问《关雎》怎么唱，有几个人会呢？我们现在对于古代雅乐是很陌生的，所以我们就应该设立雅乐团进行摸索、恢复，重建古代雅乐。

几年前，中央音乐学院也设立了中国雅乐中心，重新教该学院的老师跟学生"什么叫中国音乐"。北大元培学院、中央音乐学院是大学跟书院的重新磨合，因为过去切开了，重新接合得创造出一个新模式来。与此同时，国内多地也在进行类似的尝试，如湖南岳麓书院正想办法跟大学结合起来，韩山师范学院与韩山书院也结合起来办学。我曾应邀为韩山书院研学班作过书院专题讲座，就是要让大家了解、接受并传承传统书院教育的经验。

高明勇： 江西的古书院您应该是最熟悉的，我注意到一篇文章说到您跑遍江西，以田野调查的方式考察、研究江西的大小书院。历史上江西的书院也是最发达的，数量和影响力引领全国，所以江西在宋明时期出的精英也非常之多。在您看来，江西这么丰富的书院遗产，在当下弘扬中华优秀传统文化的大势中，现在的保护、使用、开发实际情况如何？

王立斌： 对书院精神的把握，对书院传统的理解，是我们书院人最核心的考量。考古专业出身的我，走访过很多书院，也一直在思考"当代书院为什么办？如何办？"这个根本性问题。朱熹他们当年为什么要办书院？就是为了反对科举，反对利禄之途！如果读书只是为了将来做大官、发大财，那是成功学、厚黑学，不是我们书院的传统。书院传统是什么呢？是为自己负责，为古圣先贤负责。我们读书，我们继承这个文化，为世界负责，这才是书院人该有的书院精神。这种精神哺育了一大批为中国革命、为党的建设、为共和国的成立，做出了很大贡献的人才，如岳麓书院、银冈书院、龙江书院、潋江书院、叠山书院、雯峰书院、怀玉书院、鹅湖书院等都传承了红色基因。

高明勇：临川的书院与文教，相对于江西省来说处于怎样的地位？如今重建的临汝书院，论规模算是江西最大的宋式书院，不仅当地党政重视，而且有众多企业在开院就入驻到园区，起点不可谓不高。那么，您觉得临汝书院应该利用好哪些文化资源，如何打造可持续、有个性的书院范本？

王立斌：临汝书院在历史上是临川的南湖书院，原名南湖道院，南宋淳祐九年（1249）由江西路提举常平茶盐史司冯去疾创建。饶鲁、程若庸先后为山长，由其而知名的学者有程文海、吴澄等。到元延祐二年

（1315）至七年（1320），山长黄镇与同知总管马和睦重新修复临汝书院相关的建筑，吴澄作记。

至正元年（1341），照磨王坚孙、山长张震又重建殿宇、讲堂、门庑、斋舍。虞集有记。到明嘉靖三十七年（1558）七月，同知蔡元伟兴复，中为讲堂五间，后为宴息之堂。有学舍四十间。陈九训有记。今日临汝书院得以恢复重建，我相信，并祝贺它将是抚州书院的一个范本，将为抚州传统书院的传承与发展作出更大的贡献。陆九渊曾有诗："仰首攀南斗，翻身依北辰。举头天外望，无我这般人。"临汝书院在新时代，当有创新的传承与发展！

胡森林

能源专家，
政策学者

作为一种方法的

公文写作

高明勇：我注意到你最近接连出版了几本写作方面的书籍，在这个领域，你持续有作品问世，印象中已经不下十本。我知道你的本职工作是企业管理者，所处行业是能源，这些年你出版的专著集中在能源和写作领域。算比较"高产"吧？

胡森林：今年（2022 年） 4 月份中央党校出版社出版了《写作通识课》，这是"新时代领导干部通识读物"中的一本，面向各级党政领导干部，王蒙先生做的序。这本书应该算是我到目前为止关于"如何写作"的一次总结吧。今年上半年还有一套三本《公文写作点石成金》系列，一本《要点精析》加上下册的《范例精粹》，是人民邮电出版社出的。最近清华大学出版社还出了一本《即兴讲话：造就人生高光时刻》。看起来像是集中爆发，但你也知道，出版有一个滞后的周期，这些其实都是之前积累的"存货"。

高明勇：你似乎乐此不疲地痴迷于此？

胡森林：谈不上痴迷，我犯不着为了虚名去写作，也不等这些稿费来过活，之所以一直做这些事，是因为社会上确实有这方面的需求，而我恰好能部分满足这些需求，出版社发出诚恳邀请，我又是一个容易被别人诚意打动的人。能够被人所需要，总是一件不坏的事情。

高明勇：我感到好奇的是，你工作那么忙，怎么能抽出那么多时间来完成这些写作任务呢？在时间管理、任务管理上，有什么方法和秘诀吗？

胡森林：在时间管理方面，我没有多少值得称道之处。我是一个患有比较严重拖延症的人，常常为有限的时间没有得到良好规划和使用而懊悔、自责。我有一些想写的题目，在头脑中构思了若干年还迟迟无法付诸笔端，就是这方面明证。

　　和大家一样，工作占据了我大部分时间，在业余时间使用上，没有什么特别的地方，我兴趣爱好不少，所以也不像别人想象那样，全部贡献给了写书。可能相对来说，我比较善于计划和执行，当决定要完成一个选题时，我会像管理项目一样按节点推进，虽然也会打折扣，但总体上会有大致规划和成果。这一点上我在德鲁克那里受益很多。

　　另外，我有一点体验是，在做很多其他事的时候，在读书、想事、与人交流的时候，很多想法会沉淀和转化成要写的东西，这等于是把其他事情变成了写作的前序工作，把写作时间拉长了。我想，一个人如果喜欢打游戏，会成为此中高手，喜欢应酬，说不定也会朋友遍天下，我只不过把更多时间花在这件事情上而已。

　　高明勇：你写了这么多关于公文写作的书籍，从发行量、读者数量和影响力来说，是这个领域名副其实的"头部"，在这件事情上深耕的机缘和动力是什么呢？

　　胡森林：　2008 年左右，因为偶然原因，我从一个新闻从业人员转行成为一名央企文字工作者，主要工作就是撰写公文等各类文字材料。

在以生产经营为主要业务的企业中，这些工作属于"上层建筑"，看似清贵，也相对边缘。很长一段时间里，我是把工作当作谋生工具和了解一个经济组织和行业的途径，却不愿意被贴上"秀才""会写文章"之类的标签，对"笔杆子"这样的称呼也非常排斥，虽然别人是出于好意，但我觉得这样的称呼突出的是"工具性"，而不是"价值性"。而且作为文学专业出身的人，心里总是觉得文学比公文更高级。所以你能想到，那个时候让我写关于公文写作的书籍，是不可想象的。

后来由于无法拒绝的邀请，我做了几次关于公文写作的交流，又因为一些特殊机缘，在讲稿基础上修改整理，出版了第一本关于公文写作的书，在没有做营销的情况下，在短时间内取得了可观销量。可能因为它在形式和写法上有一些与众不同之处，也因为我写的都是亲身体会和切肤感受，容易引起读者共鸣。但我想最主要的，还是因为社会当中潜藏着对这方面的巨大需求，我恰好碰上了这个触点。从那以后，出版社邀约不断，我选择性地接受和操作了一些选题，陆陆续续形成了几个系列，如《公文高手的自我修养》《公文高手的修炼之道》《公文写作心法》《公文点石成金》等，读者都还比较认可，销量也一直保持良好，我也成为所谓的"畅销作家"，哈哈。

高明勇： 如果按照俗世的眼光看，有点"名利双收"的意味？

胡森林： 我不否认一开始有一些虚荣的成分，但说实话，现在已经很少了，更没想过要成为什么"头部"，在这个过程中，更多的是自己对公文的认识在转变，如我在一本书中写过的几句话："公文看似小道，亦有可观者焉。公文之佳构，有经世之用，绝非八股，乃学养底蕴滋润而得，非止于笔头，能担纲之人，亦可当大任。"我从这个巨大需求的背后，看到的是一个庞大的群体，他们夙兴夜寐，奋笔不辍，他们焚膏继晷，兀兀穷年，他们付出了很多却得到很少，还常常被忽视、被误解，我有一种朴素的责任感，要为这个群体表达一点什么。而且，我确实在这个过程中积累了一些方法，呈现出来能够帮助到在这条道路上苦苦煎熬的人。以利他之心做这件事，成了我的初衷。

高明勇： 有没有收到读者的反馈，或者说怎么看待"读者"的因素？

胡森林： 我得到的读者反馈是激励我继续做下去的动力，让我觉得它确实是有价值的。这些读者从中央部委到省市县到村镇，从办事员到科级、处级、司局级甚至更高，遍布各个层级，他们觉得我说出了他们想说的话，给了我很多鼓励，有些成为神交，有些成为生活中的朋友，大家有那么多共同的感受，这是我之前没有料想到的。

但再认真想一想，我因此慢慢放下"公文不如文学高级"的"分别心"，缓解曾经有的内心冲突，其实是与这一段生命历程和解的过程。利他也是在利己。

高明勇： 除了公文写作，你还写过哪些其他方面的题材？有什么精进的方法？

胡森林： 作为一个文科专业人士，在进入职场之前，我就已经开始与文字打交道。在 20 余年的文字生涯里，除了征婚启事没有写过，其他你能想到的各种类型和文体，我都写过，诸如各种文学体裁、各种评论、学术文章、理论文章、各种新闻体裁、行业研究文章、各类公文，甚至歌词、剧本等。不谦虚地说，关于写作这件事，我不但掌握了"陈述性知识"，还习得了"程序性知识"和各种"场景性知识"，在驾驭各种写作中获得了"遍历性"，学会了写作通则并结合具体情形加以运用。不管什么任务，如果不是要写出传世之作，只是拿出一个还过得去的成果，应该没有什么能难倒我。

但这并不代表我对自己的写作是满意的。会写与写出真正满意的东西，二者之间有巨大的鸿沟。至今我出版了 20 多本书，除了公文和写作方面，还有几本关于能源的。目前有一些在构思的，涉及能源、企业管理、政策研究、新闻传播等方面，什么时候觉得成熟能够拿出来，都还是未知数。如果不出意外，有生之年我写出的东西应该能放满一个书柜。目前已写的，一部分是功能性的，一部分是普及性的，还有一些是关于行业问题的前沿思考，不管哪一种，我都希望呈现自己的所思所想，与别人有所不同，对读者有所助益。

高明勇：有点古人说的"立言"的追求，对吧？

胡森林：鲁迅先生说，希望自己写过的东西能够"速朽"，我有同样的愿望。虽然每一本书都是认真对待的，但它们只是人生和思想的一些印记，而真正能代表自己的东西，可能还远远没有到来。

如何找到自己最独特的方式，如何避开陷阱表述真实，特别是如何深入和直面自己的内心，我目前还没有足够的勇气，也没有做好准备。也许有一天我会选择虚构的文体，因为在虚构中我们可能更真实地面对这个世界，面对自己的内心。

高明勇：你写过这么多文章，阅读也很广泛，你认为好文章的标准是什么样的？写作中有什么想法和感受？

胡森林：这个很难有一个确定标准，每个人的看法是不一样的。先不说思想认识层面，如果一篇文章表达了很深奥的哲学观点，哪怕它再艰深、晦涩、拗口，也不能掩盖其锋芒。

但就我个人阅读口味和写作取向而言，我希望是用平实简洁的文字，表达有见地的思想和内容。写作就是交流，好的交流就像说话一样，很自然，很有诚意，除非本就不想让人听懂，或者为了显得自己水平高。所以我比较排斥刻意华丽或者警句式的写作，因为世界和生活的复杂性都不是警句所能容纳的。我也希望摆脱寓言式的写作，让隐喻和修辞尽量少一点，让每一个字和词，每一句话，都是它原初、本然的样子。

这是我对文字的一个认识和判断，也是一个理想境界。我觉得真正好的文字是平实朴素的，明白如话，冲淡隽永，不事雕琢，它只是还原作者看到和想到的事物。也就是说，从看到、想到事物，到最终写成文字，整个过程中，唯一参与加工的是写作者的阅历和智识，而不是文字技巧。于是呈现出来的就是，事物包含在文字里，而作者的创造性和洞察力包含在事物里。某种程度上，这体现了作者足够自信，他明白自己要写的东西本身就具备足够力量，任何多余处理都是画蛇添足。修饰的本质是不得已而为之，需要用到修饰，说明文章自身力量不足。

高明勇： 我看你在书中借用波兰尼的"默会知识"概念来说明公文写作中一些方法论的特点。结合实战经验和理论研究，你是否在构建一套写作体系？这个体系的画像是什么？

胡森林： 我总结过公文写作的三大特征：无客观标准，无固定模式，无方法体系。尤其无方法体系这一点，对它的成因、症结和如何破解，在书里都做过比较多的分析。我开玩笑说，要写好公文，比蓝翔技校的课程难多了，因为没有一本现成手册一步一步教人怎么做。

所有的写作都需要悟性，但就公文而言，一方面我们提醒大家里面有很多"默会知识"，另一方面，它并不是不可讲、不可教的。公文写作具有创造性劳动的特点，但它输出的结果是有一定的稳定性要求和大致轮廓的，所以是有方法可循的。具体来说，就是把附着在个体身上、内嵌在过程中的"默会知识"，提取、勾勒出来，系统化、显性化、条理化地呈现出来，成为可以运用和习得的方法体系。我自从意识到这一点，就致力把自己感悟到的"默会知识"明会化，提供一些方法论借鉴，构建公文写作新的理论范式和传授模式。

高明勇： 具体点说是什么？

胡森林： 具体来说，我在书中提炼了写作中的关键要素和实用方法，在立意、构思、谋篇、布局、写作的每一个环节，都力图呈现一些新的理念、思路、方法，比如七步成文法、类因果法的分类、段头撮要法等，以及对"意群"等概念重新阐释，这些方法是每个人都可以理解、可以学的，希望为读者找到提升写作能力的有效路径。从读者的反馈，包括线下交流的情况来看，大家确实可以通过学习掌握这些方法，习得写作的窍门，提高工作的效率。这说明，公文写作不是靠天赋，更不是靠灵感，也不只是下苦功夫就可以，关键还是要有方法。这个给我另外一点自信：如果一个人想学好公文写作，有一定的基础和悟性，完全有把握在比较短时间里让他迅速提高。

高明勇：你说的这个"方法"有什么特别的吗？

胡森林：写作作为一种方法，这是我的一点感受。我们都说中国文化的一大特点是以悟见道，重直觉感悟，轻方法技巧，故而在众多领域存在大量"默会知识"，难以变成可以教之于众的知识体系。但我在这个过程得到很重要的一点启发是，任何一门知识和学问，哪怕一贯认为是只可意会、依赖于口授心传，它一定有重要细节和可以达到的相应方法动作。如果能将各个知识门类的默会知识显性化，那么我们对众多大家高匠的赞叹除了想象，还能有系统细致的分析和可接近的路径。

高明勇：你刚才提到，写作作为一种方法，那就目前公文写作的现状而言，你如何看待？有什么可以创新的地方？公文写作一般都被看作是非常严肃的写作，新冠疫情时期，关于公文写作也出现了不少差错，甚至匪夷所思，比如"湖南省张家界市"写成"湖北省张家界市"，错将重庆市重新"划归"四川省……这些可以说是常识性错误，并非写作方法技巧的问题，你怎么看待这种现象？

胡森林： 你说的这种情况，更多的是态度的问题，也并非只在公文领域才会出现。但这些乱象中所反映的深层次问题，我觉得至少有两点是值得注意的。

首先来说，公文是"及物"的，是对现实世界、实际工作、客观事物的如实反映，这是它与文学最大的不同。运思和写作是一个主观思维过程，那么公文写作要做的，就是填补主观与客观的缝隙，拉近客观事物与符号编码之间的距离。如果脱离了对实际情况的观察、了解和研究，一味地琢磨文字，那就本末倒置了，哪怕写得花团锦簇，也不过是可悲的文字匠。我的体会是，要研究事，不要研究字。这就是古人提倡的"格物致知"。创新是更高级的，回归本源也很重要，这其中有大量的空间。

其次来说，公文里面有很多格式化、模板化、套路化的东西，这也是公文常常被轻视的原因，认为它创造性不够。这当然是一种误解。公文是"戴着脚镣跳舞"，但越是有约束条件，越体现人的创造性。比如古代的律诗，对仗、平仄都很工整，但像杜甫这样的大诗人，在这样严格约束下依然能写出那么伟大的诗篇，体现了人的尊严和征服语言的自信。很多流传至今的传世名篇，其实原本就是公文。真正的大才，比如曹操、苏轼、王安石等，是没有什么形式能束缚他们的。

高明勇：有没有关注过公文智能化写作的问题？

胡森林：我觉得随着技术的发展，类似调整格式这样重复简单、低层次的劳动会逐渐被机器所取代，但公文里面有大量与思想、情感、价值、判断相关的内容，这是机器无法做到也取代不了的。如果公文写作者依赖简单的模板和套路，复制粘贴，堆砌辞藻，而不去探究更深层的东西，那就与机器无异了。所以说，不怕机器像人一样思考，就怕人像机器一样思考。

我曾经写过一篇序言《假如有一天人工智能学会了写公文》，就是预料到这种前景，对公文写作者发出的提醒。如果我们变得懒于深度思考、懒于自我反思，放弃了发掘潜能和心智成长的努力，让自己的智慧不断退化，那我们真的将一天天被人工智能所超越。我写作的公文类书籍，共同点就是试图摆脱惯性思维下"格式化""模板化"和"套路化"的窠臼，突破传统的理论视角，拓展公文写作研究的深度与广度。那么我相信，即使是人工智能时代完全来临，它们依然是不会被取代的。

高明勇： 说了这么多，我想知道，写作对你意味着什么？它对你有多重要？

胡森林： 我更年轻时曾经以写作为使命，信奉"书生报国无长物，唯有手中笔如刀"。读研究生时因为一些思想的触动，我确立了自己的人生价值排序，依次是做事、思考、读书和写作。

做事是第一位的。张謇有言："天生之人也，与草木无异，若遗留一二有用事业，与草木同生，即不与草木同腐朽。"人生天地间，应该要做一些于社会、于他人有意义的事情。而且只有把事情干明白，经历一些事，折腾过、被摔打过，才能写出一点扎实的、有价值的东西。如果一开始就以写作为目的，会缺少足够的滋养。

其次是要多思考，想清楚自己来到世上为了什么，要干什么，了解这个世界，了解社会，也了解他人，最重要的是让自己活得更明白一点。

然后是读书。前人已经创造了丰厚的知识成果，自己没读过几本书，却不知天高地厚要去写，结果可能是步人后尘、拾人牙慧，弄出一堆灾梨祸枣，既浪费自己的人生，又于世无益。

我这样说你就知道了，写作对我来说不是最重要的，也不是非此不可的。

高明勇：这样的排序，倒是出乎意料。不瞒你说，我现在对价值排序的问题也很重视。你如何看待自己的排序？

胡森林：按照这样的价值排序，写作就是人生追求的自然结果和副产品。这些年我之所以在写作这件事上耗时甚多，其实也不是我的主动选择，某种程度上可以说是宿命。人生总是不乏事与愿违的经历，比如 20 多年前我刚进入媒体行业时，最想做的是时政和经济，但领导一看我的简历，说你发表过这么多文学作品和摇滚乐评论，那应该去搞文体新闻啊。后来进入企业，本意是要做实业，却又干上了文字活。好在我不管干什么，都还算努力和用心，最终都还有收获。

其实说出来很难让人相信，我是一个写作心理障碍者。当然一般的写作不会给我带来困扰，但具有挑战的、自己看重的东西，写起来就是一场灾难，拖延、迟疑、拿起又放下，像在一片沼泽上行走，充满了艰难和煎熬。在写作这条路上，我的挫败感远远多于成功的喜悦。大多数情况下，我只能有感而发，而无法稳定地输出。之所以有时还是会投入做这件事，往往是因为有话想说，也因为这是自己已经习惯的一种观察、思考和表达的方式，而且也相信文字是有力量的。

我们相信确实有天赋异禀的作家，如苏东坡那样"如万斛泉涌"，但我也体会到，所有好的东西，都是心血喂养出来的。所以如果大家身边有认真写东西的人，一定要对他好一点。

高明勇：那么你认为，写作的本质到底是什么，是一种思考和表达的方式，一个文本输出的过程，还是别的什么？

胡森林：我越来越不愿意给写作下一个简单的定义，把它窄化为最后输出文字的那个瞬间。我试着谈下我的理解，写作是以语言文字为媒介，贯穿在人的阅读、思考、交流、表达当中的思维和行为模式。

那么相应地，写作能力是掌握、了解写作通则，在不同场景下，根据具体目的有效运用的能力。

如何学习写作呢？就是通过领悟、总结和转化，把握写作中的深层规律、实用方法和默会知识，并刻意练习，找到适合自身的切实可行的提升途径。

写作作为一种方法，这句话的第二个含义就是说，写作中的很多方法和经验是可以在不同的场景中迁移和运用的，所以它也可以作为我们人生工具箱中的一样重要方法工具，帮助我们来更好地认识和观察事物，更好地与人沟通，更好地表达内心想法。不见得非要在电脑上或者纸上才能写作。说话也是写作，开会发言也是写作。这样与你深层次的交流，何尝不是写作呢？我的很多想法和观点，就是在与人交流中被激发出来的。

高明勇：某种意义上说，由于自媒体的发展，现在似乎也是一个写作大繁荣的时期，你怎么看社会整体上的写作状况？

胡森林： 从公文写作出发，我又陆续写过《新媒体写作》《职场写作的 30 个场景》《写作通识课》，也对社会写作生态做过一些观察。我的一个基本判断是，媒体增多带来的数量增长，并不能说明社会写作能力的提升。而阅读量的多少，更无法完全与一篇文章的好坏画等号。

很多出版社找我，希望继续出写作类的书，但我更想写一点纯文学的东西，而这些恰好是读者稀少的，出版社也很为难。另一方面，写作者的环境也在变差，处处充满陷阱。我不写公众号，以前会经常在朋友圈兴之所至写一点评论随感，因为无拘无束，反而放得开，更自然。突然有一天，我没有了倾诉欲望。在这样的大时代，一个人的失语，也没有什么可说的。我想逐渐沉淀，写一点能留下来的，哪怕愿意看的人很少。陶渊明、杜甫，他们的高度都是后世才认识到的。我不企望这样的高度，只是希望自己有一些抵御浮躁的力量。

高明勇： 这是对个人来说，社会层面呢？

胡森林： 对于社会大众而言，具备一定的写作通识能力是必要的。不管哪个行业，从事什么工作，都需要基本写作能力。我们的教育体系中，一直缺乏正确的写作教育方法，也缺乏足够训练，导致社会整体写作能力不足。网络上之所以有那么多的喷子、键盘侠，其实也是现实生活的反映，因为很多人从来就没有学会正确认识和思考问题，有逻辑地表达和说理。从这个意义上说，写作能力是社会系统能力的重要组成部分，与社会整体理性思维和公共表达能力密切相关。这是"写作作为一种方法"的第三个含义，写作也能成为社会的建设性力量，成为国家治理体系和治理能力现代化的重要方法路径。

高明勇：如果让你对有志于写作的人提一个忠告，你会说什么？

胡森林：谈不上忠告，提点建议吧。我觉得对一个写作者而言，最重要的是诚实，直面真实的想法，袒露自己的内心，用文字表达真情实感。这个看起来简单，也是老生常谈，但要做到并不容易，因为它要克服世俗的种种阻碍，克服自己的虚荣、软弱以及不愿承认的种种弱点，但这是通往一个真正写作者的必经之路。写作的人也不必然具有道德和智识上的优越感，相反要更慎重，对自己更苛刻，因为一个作品能打动别人的前提是，写作者先疗愈和救赎自己。

在写作技法上，我觉得可以学习西方语言表达的逻辑性，这是我们从小教育中所缺乏的，同时借鉴中国古文的简洁，培养自己的语感。古人因为工具不便利，写字不容易，所以文字非常简洁，有力量。具体来说，多用名词、动词，少用形容词。古人写诗，"楼船夜雪瓜州渡，铁马秋风大散关"，"桃李春风一杯酒，江湖夜雨十年灯"，你看只用名词，就很有表现力，很有意境。用简洁、明快的短句，少用复杂的长句，注意句子和意思表达的逻辑性，同时记得把多余的"的"字全部去掉。